宇宙人リーディング

よみがえる宇宙人の記憶

SOUL READINGS OF SPACE PEOPLE

大川隆法
Ryuho Okawa

本リーディングは、2010年3月16日、幸福の科学総合本部にて公開収録された。

写真右下は、沖縄から羽田に向かう機内から撮影した細長いUFOの姿。2010年3月14日撮影。

まえがき

世にも不思議な物語の連続ではある。

「リーディング」とは、二十世紀アメリカの奇蹟《きせき》の予言者エドガー・ケイシーが、催眠《さいみん》で眠りながら、被検者《ひけんしゃ》を透視・調査したものを「霊言」し、秘書が速記録を書き起《お》こしたもので、生前、一万四千件ものリーディングがなされたという。

私の場合は、ケイシーのような「眠れる予言者」ではなく、「読心《とくしん》」「宿命《しゅくみょう》」

「天眼《てんげん》」などの神通力《じんつうりき》を発揮《はっき》して、相手の心の中や記憶の内容を読み取ってしまう。地球の裏側にいる人に対しても透視できる点は、その場にいない人のことでもわかるケイシーとも共通している。

「六大神通力《ろくだいじんつうりき》」は、仏陀《ぶっだ》特有のものだが、この力を用いて、地球に転生《てんしょう》してきた宇宙人の魂の記憶《きおく》をリーディング（読み取ること）したものが本書である。

まずはご一読あれ。

二〇一〇年　七月二十八日

宗教法人幸福《しゅうきょうほうじんこうふく》の科学総裁《かがくそうさい》　大川隆法《おおかわりゅうほう》

宇宙人リーディング　目次

第1章　酸性の海に棲《す》む金星人（両生類型）

第2章　軍神的役割の火星人（ニワトリ型）

第3章　月に基地を持つ宇宙人

第4章　愛の心が強いクラリオン星人

第5章　徳を重視する「さそり座」の宇宙人

第6章　超能力《ちょうのうりょく》を持つエササニ星の巫女《みこ》

第1章

酸性の海に棲む金星人（両生類型）

［二〇一〇年三月十六日収録］

【本章に登場する宇宙人】

金星人（両生類型）

金星には、肉体を持たず、霊《れい》として霊界のみに存在する金星人がいるが（『宇宙人との対話』〔大川隆法著、幸福の科学出版刊〕第5章参照）、本章の金星人は、強固な皮膚《ひふ》のある肉体を持ち、金星の酸性の海に棲《す》んでいた金星人である。

［対象者はAと表記］

宇宙人に関する情報を数多く集め、真実を探る

大川隆法　以前（二〇一〇年二月十八日）にも、宇宙人の過去世《かこぜ》を持っている人を少し調べてみたのですが（その内容は、『宇宙人との対話』として発刊）、「調査としては、まだ十分ではない」と感じています。

昨日《さくじつ》、三月十五日には、『「宇宙の法」入門』（幸福の科学出版刊）という本が、最初の手がかりとして出ましたが、もっともっと調べてみないといけないのではないかと思います。

同書の書名には「入門」と付けてありますが、まだ確定までいかないところがあるので、当たれるものを数多く当たってみるつもりです。

それぞれの内容が矛盾《むじゅん》していても構いません。矛盾することのなかにも真実があるため、いろいろなことを言わせたり調べたりしてみます。そのうちに、だんだんとベースの部分が見えてくるでしょう。それが狙《ねら》いです。

以前に話を聴《き》いた宇宙人とは違《ちが》う宇宙人から話を聴くと、話の内容が矛盾する場合もあると思いますが、それも一つの情報です。だんだんに〝情報見積もり〟をして、「正しいのは、どのあたりか」ということを見つけていきたいと思います。

沖縄《おきなわ》からの帰途《きと》、機内からＵＦＯを目撃する

私は二日前の三月十四日に、幸福の科学の沖縄正心館《おきなわしょうしんかん》で説法をしたのですが、

そのとき、質疑応答の二問目で、学生から、「先生、宇宙人に襲《おそ》われたときには、どうしたらよいのですか」ということを訊《き》かれて、「幸福の科学の信者が食べられないように頼《たの》んであり、話がついているから、襲われたときには、幸福の科学の信者であることを言い、『主への祈《いの》り』でも唱えてください」というように答えました。

そのあと、ＪＡＬの夕方の便に乗り、沖縄から羽田まで飛んで、東京に帰ってきました。

飛行中、最初は何も起きなかったのですが、やがて、九州辺りから名古屋辺りまで、時間的には午後五時から五時半までの三十分間ぐらいだったと思うのですが、何か飛行機と並行して飛んでいるものがあるのです。

私は、最初、「飛行機の影《かげ》が映っているのだろう」と思い、窓からずっと見ていました。周りの人たちから見たら、おかしかったでしょうけれども、私と、随行スタッフの四人とで、窓からじっと見ていたのです（会場笑）。「飛行機の影だろうか。違《ちが》うのだろうか」と思い、じっと見ていたのですが、どうも違うようなのです。

これが、そのときに撮《と》った写真です（口絵写真参照）。細長いものが写っています。これは、機首に近い所にある、プレミアム席の窓から撮ったものですが、目測で全長が二百メートルぐらいはあるのです。最初は「飛行機の影かな」と思って見ていたわけですが、「影にしては、おかしい」ということが、だんだん分かってきました。

なぜかというと、白い雲があるときには、影が映る可能性も、ないとは言えないと思うのですが、雲が切れた青空にも、やはり、黒い影が、同じように伸《の》びているからです。青空には影が映らないはずなのに、それは、青空のなかを、まったく同じ濃度《のうど》の色で飛んでいたのです。

私たちは機首のほうにいたのですが、そこから見ると、その影のようなものは、われわれが乗っていた飛行機の前から後ろまでの長さより長いのです。そして、その上も見て、上には何も飛んでいないことを確認しました。

プレアデス系の中継機《ちゅうけいき》だったと思われる

私たちは、飛行機を降りてから、ＪＡＬの乗務員に、撮影した写真を見せ、「これは飛行機の影でしょうか。これが消えたり現れたりするのが見えたのですが、いったい何でしょうか」と訊きました。

その人は、「飛行機の影は、機体の下に映ることはあっても、横に映ることはありません」と答え、「岩手県で地震《じしん》がありました。何か関係があるのでしょうか」などと、少しトンチンカンなことを言っていました。

飛行機とそれとの距離《きょり》が、はっきりとは分からないのですが、それは、かなり細いものでした。おそらく十メートル程度の幅《はば》であり、長さは二百メートルぐらいのものなので、いわゆる葉巻型UFOよりは細いのです。

葉巻型UFOは、もう少し、ずんぐりしていたと思うので、それよりは、もっとずっと細く長いのです。幅が十メートルぐらいで、長さが二百メートルぐらいある、キセルのような感じでした。

また、同乗者の一人は、「頭のほうが光ったのを見た」と言っていました。

ところが、二百メートルぐらいあった長さが、名古屋上空辺りで五十メートルぐらいになり、やがて三十メートルぐらいになって、そのあと消えました。飛行中、天候はまったく変わっていません。また、夕方に、沖縄《おきなわ》から東京へ向けて出発したので、太陽は飛行機の後尾《こうび》のほうにずっとありました。そのため、角度を考えると、機体の影が横に映ることはありえないと思われます。

まことに不思議なことでしたが、某筋《ぼうすじ》によれば、どうやら、「プレアデス系の中継機《ちゅうけいき》である」とのことでした。いわゆる探索機《たんさくき》の小さなものとは違《ちが》います。「母船かな」とも思ったのですが、少し細いので、中継機であり、たとえて言えば、イージス艦《かん》に当たるようなものです。

母船には、もう少し大きいものがあるらしいのです。

そういうものが出てきました。質疑応答でＵＦＯについての話をしたり、『「宇宙の法」入門』という本を出したりするあたりで、ＵＦＯ自体が出てき始めたので、いよいよコンタクトが始まるのかなと思っています。

目撃者《もくげきしゃ》は、私のほかに四人います。約三十分間、見ました。

「リーディング」とは、どのようなものか

以上は前置きです。

霊言《れいげん》というかたちでは対象者が上手に語れないと思うので、今回は、「リーディング」を行います。

普通《ふつう》は、月刊「ザ・リバティ」（幸福の科学出版刊）で実施《じっし》していたように、宇宙人と接触した体験のあった人に退行催眠《たいこうさいみん》をかけて、追体験をさせ、話をさせたりするようですけれども、私は霊能者《れいのうしゃ》なので、「リーディング」というも

のを行うことができます。

その際、申し訳ありませんが、魂《たましい》の想念帯［注1］のなかに入り込《こ》ませていただき、意識を読み取らせていただきます。そのため、普通の催眠術とは違《ちが》います。

霊言で行うと、まどろっこしいので、対象者の意識を、直接、読みに入ります。

少し調べてみないと分からないのですが、「宇宙人の魂を持っているか、地球人ではあるけれども宇宙の記《き》憶《おく》を何か持っているか、宇宙人と接近遭遇《そうぐう》をした経験があるのではないか」と、周りから推薦《すいせん》を受けた人が、会場の前方に来ています。予想が外れるかもしれないのですが、調べてみます。

対象者の人数が足りなければ、このあとの午後の部で、新しい人を募《つの》りたいと思います。

地球に来ている宇宙人は二十種類以上いると言われているのですが（『「宇宙の法」入門』参照）、今回の一連の調査で出てきている宇宙人は、まだ二十種類に達していないので、新種がいないかどうか、今、探しているところです。

では、一番バッター（対象者A）から行《い》ってみましょうか。

この方の、宇宙人に関係すると思われる部分のみ、リーディングをいたします。それ以外のこと、例えば、過去に、いろいろと〝悪さ〟をした事実などについては（会場笑）、一切《いっさい》、関与《かんよ》しないことにして、宇宙人にかかわることについてのみ、私に読めるところを読み取ってみたいと思います。宇宙人とは関係がない場合は、「関係がない」と出てくると思いますが、それならそれでよいと思います。

対象者のアブダクション体験の真相を調査する

A――　よろしくお願いいたします。

大川隆法　まあ、あなたも、せっかくマイクを持っているのだから、もし、あとで何か言いたいことがあったら、言ってください。それとも、先に言いたいですか。「ぜひ、このようなことを訊《き》きたい」とか、質問がありますか。

A――　はい。本日は、まことにありがとうございます。

先般《せんぱん》、九次元大霊《たいれい》であるマヌ様に、「あなたは宇宙人の魂《たましい》である。そして、三回、アブダクション（誘拐《ゆうかい》）をされている」と、ご指摘《してき》いただきました（『神々が語る レムリアの真実』〔幸福の科学出版刊〕第2章参照）。

そこで、先週、退行催眠《たいこうさいみん》を行いましたところ、曖昧《あいまい》ではありましたが、やはり、「三回ぐらい、四歳《さい》のときと、小学四年生のときと、中学二年生ぐらいのときに、アブダクションをされているらしい」ということが出てきました。

特に、小学四年生のときが、いちばんはっきりとしていて、「精子を採られ、クローンづくりなどが始められた」というビジョンを得ました。

そこで、ぜひ、「これが事実なのか」ということと、「私は、宇宙の、どの星から、いつごろ来た宇宙人であるのか」ということを……。

大川隆法　相手と、あなたとの関係？

A――　はい。関係とか、それから、「私をアブダクションして、いったい何をしたいのか」とか（会場笑）、このへんについて、ぜひ、お伺《うかが》いできればと思います。

大川隆法　はい、分かりました。

では、リーディングに入ります。

この人の記憶《きおく》のなかに入っていき、タイムスリップをして、その体験をしたところまで遡《さかのぼ》ります。要するに、タイムトラベルをするのと同じで、その時点まで私のほうが〝退行〟して対象者の意識を見ていきます。

それでは、史上初の「宇宙人リーディング」を始めてみます。

地球人のライフ・リーディング、過去世《かこぜ》リーディングは、過去、たくさん行いましたが、宇宙人系はまだやっていないので、どのように出るか分かりませんが、私に見えたもの、聞こえたもの、読めたものを話します。

（Aに向かって）あなたは、特にすることはないのですが……、まあ、自然にしていてください。私のほうで勝手に話します（会場笑）。

（Aに右手をかざし、目を瞑《つぶ》る）

アダムスキー型の円盤《えんばん》で、グレイによって拉致《らち》された

（約三十秒間の沈黙《ちんもく》ののち、「うん」と言いながら、右手を下ろす。しばらくの間、何度も「うん」と言う）

この者は、非常に知的関心が強く、さまざまな領域に興味・関心を示すため、宇宙人から見ると、調査対象としては極《きわ》めて便利なので、対象として選ばれたものだと思われる。

アブダクションの事実は現実にある。うーん、けっこう早熟ではあったようで、うーん、うーん……。ああ、そうか、この者自体は、今は地球人であるが、かつては、そうではない。

そして、江戸《えど》時代にもアブダクションされていて、魂的には追跡《ついせき》調査をされているようだ。うーん……。江戸時代には、「天狗《てんぐ》さんに、さらわれた」と思ったようである。

私の目には、いわゆるアダムスキー型円盤《えんばん》が見えてくる。

これは、釣鐘状《つりがねじょう》の形をしていて、上が帽子《ぼうし》のように尖《とが》っており、下に〝スカート〟がある。スペースカーと呼ばれているもので、そのスカートの下に、足のようにも見えるし、車輪のようにも見える、丸く回転しているものが四つあるのが見える。

これが、今回、あなたをアブダクションしたものの探索《たんさく》機械である。ですから、あなたを連れ去ったのは、アダムスキー型円盤と呼ばれているスタイルのものである。

あなたは、そのなかに吸引され、連れていかれたが、人体実験をされたのは、そのなかではない。もっと大きなものが上空で待っていて、それは、地上から、おおよそ六百メートルぐらいの高さの所に静止していたはずである。そして、そのなかに円盤ごと吸い込《こ》まれている。

その間《かん》、おそらく、本人の意識としては、居眠《いねむ》りをしているつもりでいたと思われる。自分では、仮眠《かみん》をとっているか、ぐっすりと居眠りをしているか、そういう、うつらうつらしているような状態を経験しているつもりでいたと思う。本人の意識は、その間は消えている。

そして、たぶん母船の一つと思われるもので、六百メートルぐらい上空に止まっていたもののなかに吸い込まれた。

その母船と思われるものは楕円形《だえんけい》をしていて、長いほうが約三十メートル、短いほうが十五メートルぐらい、高さは五メートルぐらいのもので……、いや、もう少しあって、八メートルぐらいのものだな。

アダムスキー型円盤そのものは、直径が、三、四メートル程度しかないので、その母船に数機ぐらいは出入《ではい》りできているようである。

母船内に収納されたあと、下の扉《とびら》が閉じ、アダムスキー型円盤の側面が開いて、そこから、移動式の階段、いや、スロープが下りてきて、車椅子《くるまいす》に乗せられたような雰囲気《ふんいき》で、あなたは、そこから降ろされている。

周りに見えるのは、グレイといわれる種類の宇宙人で、あなたを、その偵察《ていさつ》機《き》から降ろすのに、船内に一名、それから、ベルトコンベアー風のものの両脇《りょうわき》に二名がついている。その二名が、あなたを、ベルトコンベアー風のものから降ろしたあと、そのまま運んで廊下《ろうか》を移動している。

たぶん、母船の中央部分、いや、私の見ている方向から見ると、中央より、やや右寄りの部分にある、円形状の広間に連れてこられている。

それは、一見、ギリシャ・ローマ風の柱が周りにある、何もない広間に見えるのだが、目を凝《こ》らしてみると、実はそうではないことが分かってくる。普通《ふつう》の目には見えないが、たくさんの装置が、あちこちにある。

見えてくるものは、いちおう手術台のようなもので、それが、床《ゆか》から浮《う》かび上がってきて、床から一メートルぐらいの所で止まり、その上に、あなたは寝《ね》かされている。

寝ているあなたは、足首と腕《うで》に、一カ所、二カ所、三カ所、四カ所、この四カ所と、おなかのところに、透明《とうめい》のベルトのようなものをかけられている。

ただ、本人の意識は、「夢のなかにいる」と思っているようである。

次々とグレイが集まってくる。大きさは、一メートル二十センチから一メートル三十センチぐらいで、グレイといわれる種族の一般的《いっぱんてき》なものに比べると、やや白いが、やはりアーモンド型の目をしている。

ただ、このグレイは、特徴《とくちょう》として、ハチのように薄《うす》い触角《しょっかく》のようなものが二本出ている。そして、あなたを周りから覗《のぞ》き込み、いろいろと体をスキャンして調べている。

江戸《えど》時代にも拉致《らち》され、「天狗《てんぐ》少年」として有名になった

そのグレイたちのなかには、古い記録を取り出してくる者がいて、あなたを江戸《えど》時代にもさらったときの話をしている。そのときは、「天狗《てんぐ》にさらわれた」という話を、あとで広めさせたようだ。

あなたの過去世《かこぜ》は江戸時代の人で、けっこう有名になった。「天狗にさらわれた少年」として有名になっている。「天狗少年」として名のある人である。平田篤胤《ひらたあつたね》という人が、あなたのところに取材に来ている。そして、天狗と過ごした日々について、いろいろと取材をしているな。それについて書いたもの

「グレイ」と「アダムスキー型円盤」想像図

が遺《のこ》っている。あなたは、天狗の行《ぎょう》をいろいろとやったこと、床縛《とこしば》りの行や空中飛行をした話などを、いろいろと言って、それが書き取られている。天狗童子寅吉《とらきち》（仙童《せんどう》寅吉）というのかな、うーん、そのような怪談《かいだん》として遺されていて、それが江戸の町で評判になった。

こうした過去世の体験が、おそらく、現在の雑誌編集の仕事にもつながっているものと思われる。

そのとき、宇宙人は、空中飛行などの特殊《とくしゅ》体験を、あなたに積ませている。「床縛り」といわれているものは、実は、あなたが実験台に縛られたことを表現しているようだ。

当時、あなたは、飲まず食わずで生きていられることや、筑波山《つくばさん》で修行した話などをしている。

あなたは、行方不明になり、「神隠《かみかく》しに遭《あ》った」と噂《うわさ》されたが、ある日、ひょっこりと帰ってくるというか、うーん、お寺の縁《えん》の下で寝《ね》ているところを見つかったが、そのときの体験を、何度も何度も、いろいろな人に訊《き》かれ、話をしている。

それが、江戸の瓦版《かわらばん》のようなもので伝えられたり、また、平田篤胤によって書かれて本になり、一部、記録として遺っていると思われる。

あなたに、過去、そういう経験があることを知っているグレイが、そのなかに少なくとも一人はいたと思う。その魂《たましい》が、今回、転生《てんしょう》しているので、もう一度さらってみようとして、計画したものだと思われる。

体内に数カ所、モニタリング装置を埋《う》め込《こ》まれている

ただ、あなたが選ばれた理由は、あなたが、「非常に情報に関係の深い人間である」と見られているからである。

体も、もちろん、調べられているが、うーん……、あなたを害するつもりは、彼らにはない。

あなたは、今世《こんぜ》の修行のなかで、新しい文明実験に参画しているので、そのあなたから、いろいろな情報を収集しようとして、あなたをアブダクションし、彼らにとっての一種の観察標《かんさつひょう》をつけたものと思われる。

つまり、彼らには、あなたが、いつ、どこにいても、それが分かり、あなた

が経験したことを記録できるようになっている。

だから、あなたの体のなかには、現代の医者がスキャンをかけても映らないものが入っている。

一カ所は、脳のなかにあり、あなたの視神経がつながって映像を映し出すところに入っている。ただ、この物質は、現代の病院でスキャンをかけても映らないものである。

あとは、あなたの両眼《りょうがん》のなかに、非常に繊細《せんさい》な、小さな物質が入れてある。

もちろん、最終的には、今言ったように、脳に結ばれた映像によって確認できるけれども、目のなか自体にも小さなセンサーが隠《かく》されている。

ちょうど、月面探査ロボットが月の表面を映すように、あなたの眼《まなこ》に映った世界が彼らにも見えるようになっている。これも非常に透明《とうめい》なもので、金属ではなく、あえて、地上にある物質に例えると、クリスタルのかけらによく似たものである。

それから、もう一つは喉《のど》に入っている。喉のところの甲状腺《こうじょうせん》につながる部分あたりに入っていて、これは、あなたの声帯を通して発信された情報をキャッチできるようになっている。

あとは、脳のなかで耳から伝わってくる音を聞き取る部分、両耳の後方の二カ所に入っている。それは、一ミリもない、本当に〇・一ミリか〇・二ミリぐらいの大きさの、小さな小さな装置である。これが入っていて、あなたが耳で聞いたものも受信できるようになっている。

だから、あなたの目、あなたの口、あなたの耳、これらであなたが得たすべての情報を、キャッチできるようになっている。

あなたがかかわった情報は、全部、ＵＦＯからモニタリングできるようになっているので、あなたが地上で集めているニュース、あなたが書いているものや、あなたが話していること、聞いていることは、全部、記録されている。

これが、あなたをアブダクションした第一の目的である。

クローンが何体もつくられている

第二の目的として、確かに、あなたの分身をつくろうとした形跡《けいせき》がある。これは、あなたにとっては喜ぶべきことである。「非常に優秀《ゆうしゅう》な男性だと見られた」ということに対して、誇《ほこ》りを持つべきであるかもしれない。あなたを複製しようと試みた。ああ、うん。

確かに、あなたの精子は少なくとも二回は採取されていると思われる。そして、今進んでいるクローン技術のようなものを使い、肉体的にあなたによく似た外見を持つ者をつくって、そこに宇宙人の魂《たましい》を〝ウォーク・イン〟させている。

これは一種の協定破りではあるけれども、どうやら、「宇宙人を、そのまま地上に地球人として生み出す」というやり方を実験しているようで、あなたによく似た人が、この地上には何人か存在すると思われる。

ただ、あなたの活動は、すでに、江戸《えど》時代以前まで含《ふく》めて、かなり長い間、監視《かんし》されているようである。宇宙人から、長期的な観察の対象として選ばれている。その調査期間はというと、私の見るところ……、うん、少なくとも、この一万年以上は探索《たんさく》され続けていると思われる。

そういう意味では、あなたは非常に優《すぐ》れた魂であると言ってもよいのかもしれない。だから、あなたには、非常に重要な機会に出合うことが、過去世《かこぜ》でも数多くあったはずである。つまり、人類史上の重要な事件が起きるところに、あなたを運よく出合わせるようになっている。

過去世でも、そういうことは数多く起きており、あなたを通じて人類史の記録を残そうとしている。それが、一つ、ＵＦＯのなかのファイリングに入っていると思われる。

かつては金星で両生類のような生物に宿っていた

あなたの魂《たましい》は、もともとは宇宙人だ。うーん……。

あなたを調べている、そのグレイは、実は、あなたが来た星とは違《ちが》う星のものであるけれども、「あなたが、地球人として、どのように生きているか」ということを調べている。

宇宙人同士は、お互いに調べ合う関係にもあって、他の宇宙人が地球人として生まれ、生活したときに、どのような適合や不適合が起きるかを、調査している。

あなた自身は、周りは信じてはくれないだろうが、魂的には金星人の魂を持っている。あまり似つかわしくはないが（会場笑）、金星人の魂を、あなたは持っている。

すでに調査された結果によれば、「金星の三次元（物質世界）には人間は住んでおらず、四次元以降の世界（霊界《れいかい》）に金星都市ができていて、この世の存在ではない四次元霊界に金星人の町がある」というような報告がなされていると思うが（『宇宙人との対話』第5章参照）、それは、まあ、ある意味では当たっており、ある意味では当たっていないと思われる。

確かに、四次元世界に金星都市があることは事実であるし、その四次元世界からＵＦＯが飛び立って三次元化し、この世界にやってくる場合があることも事実だけれども、金星においても、実は、霊界だけではなく、三次元世界にも生物は棲《す》んでいる。

あなたは、金星人の魂を持っているけれども、肉体が恋《こい》しくて、ときどき、金星の三次元の生物として生まれている。そういう過去世《かこぜ》を、過去の転生《てんしょう》を持っている。

酸性の海に棲《す》む「三メートルのイボガエル」

金星の海は、硫酸《りゅうさん》ガスが溶《と》け込《こ》んでいる海なので、地球で言うと、普通《ふつう》の生命が棲《す》むことは極《きわ》めて難しいけれども、金星では、もう何億年もたっているので、これに適応できるような生物が、すでに棲んでいる。あなたの魂《たましい》は、その生物の肉体に宿ったことがある。

その生物は、人間とは違《ちが》う種類の形態ではあるけれども（会場笑）、知能が劣《おと》っているわけではない。

みな失笑しているようであるが、それは、いわゆる美しいスタイルの金星人ではなく、その水のなかに棲む生き物なので、「水棲人《すいせいじん》」と言うべき水棲動物である。

それは、酸性が強い、高温の水のなかに生きることができる生き物で、地球にはいないタイプである。この生き物そのものは、ＵＦＯに乗って地球に来ることはできなくて、金星に棲み着いている。

地球であれば、例えば、海に棲むイルカなどは、「知能が高く、人間とそう変わらない」と言われている。金星においても、三次元で生活するもののなかには、「知能は高いけれども、人間ではない」という存在が、実際には存在しているのである。

特に、その酸性の海に棲まなければならないので、酸に強い防護服に似た感じの皮膚《ひふ》を持っている。体長は三メートルぐらいある。

地球にある生き物で、いちばん似ているものがあるとすれば、たいへん失礼ではあるけれども、爬虫類《はちゅうるい》ではなく、両生類に近い生き物である。ただ、外見は、まあ、爬虫類を思わせるような装備というか、強固な皮膚組織を持っている。

いちばん近い姿を、あえて言うとすれば、イボガエルである。「三メートルぐらいのイボガエル」というのが、いちばん近い姿と言うべきである。だから、そうとう強固な、厳しい環境《かんきょう》でも生息できる肉体になっている。

これは、今、あなたの皮膚感覚が通常の人間と非常に違っていることと関係がある。もっと高熱と酸に耐《た》えられる皮膚を持っていたあなたには、今の地球の環境が、あまりにも柔《やわ》なので、合わないでいるのだ。

あなたの外見は、三メートルぐらいのイボガエルに近い姿であるけれども、足の指、手の指には水かきがついている。

「金星人（両生類型）」想像図

目は、基本的に、白目の部分が赤もしくは橙色《だいだいいろ》をしており、そのなかに、猫《ねこ》の瞳《ひとみ》のような、縦に細い瞳が入っている。

そうしたイボガエルの姿を想像すれば、それがあなたである。

あなたは、金星で、そういう経験を積んで生活してみたものの、やはり、その姿であっては、知能は高くても、高度な文明生活ができないため、志願して、地球に転生《てんしょう》することを望んだ。

だから、四次元の霊界《れいかい》に還《かえ》ってきたあと、四次元から三次元に物質化する円《えん》盤《ばん》に乗り、地球への転生志願者の一人として、地球に生まれてきたわけである。

地球に来た年代は、おそらく、うーん……、アトランティス［注2］より、もう少し古い時代のように、私には思われる。その時代に、円盤に乗ってやってきている。

そして、最初は、今、地球に来ている宇宙人たちが地球人を調べているように、そういう調査を仕事にしていたが、やがて、自らも肉体を選んで生まれてきたのだ。

あなたは、世界史的な事件が起きるようなときに、よく生まれている存在であると言える。

質問があれば受けます。

対象者のクローンたちの現状

A――　はい、ありがとうございます。

先般、マヌ様からは、私のクローン、いわば分身がつくられ、「中国、マレーシア、オーストラリアなどに、そのクローンがいる」と、ご指摘《してき》いただいたのですが、私のクローンたちは、実際に、どのようなことをしているのか、また、その年齢《ねんれい》は、みなバラバラなのか、こうした点について、お伺《うかが》いできればと思います。

大川隆法　うーん、年齢的には、おそらく、十歳《さい》から十数歳ぐらい若いことが多いのではないかと思うけれども、ただ、外見が、多少、変化しているので、その年齢に見えるかどうかは分からない。

あなたは、地球モデルとしては、多くの人の好感を得るモデルとして選ばれている。だから、「宇宙人から見て、非常に素敵な男性として選ばれたのだ」と見てよいと思われる。

確かに、あなたのクローンが、ほかの所にも存在しており、うーん……、そちらも、やはり、活動形態をモニタリングされている。そして、「この者は、違《ちが》った地域に出したら、どのように動き始めるか。地球に適応して行動するのか。どう反応するのか」ということが調べられている。

だから、唯物論《ゆいぶつろん》の国にも出されているし、「同じような肉体先祖を持っている者が、華僑《かきょう》として出たら、どうなるか」などというかたちで調べられている。

先般の霊言《れいげん》のなかでも、誰《だれ》であったか、確か、「江戸《えど》の末期にも、あなたを見たような気がする」と言いそうになった霊人がいたのを覚えているけれども、あなたは、確かに、いろいろな所に出ていて、それぞれに活躍《かつやく》しているのではないかな。

これは、たぶん、うーん……、宇宙人的に「魂《たましい》の兄弟」のようなものを、今、実験的につくろうとしているのではないかと思われる。要するに、「クローンを人間として修行させることで、新しい、魂の兄弟のようなものがつくれないか」という実験がなされているのではないかと思われる。

「宇宙人と地球人の合いの子」は、すでに存在している

A――　はい。ありがとうございます。

もう一点、よろしいでしょうか。

今、世界的に、UFOの目撃《もくげき》だけではなく、アブダクションも、たいへん話題になっております。アメリカ政府も正式に対応部署をつくりましたし、イギリスでも、科学者の集まりである王立協会が真剣《しんけん》な会議等をしております。

「今、世界でアブダクションが同時多発的に起きている」ということの背景には、やはり、何か計画のようなものがあるのでしょうか。

大川隆法　宇宙人たちが、もうすぐ世界中で姿を現してくる予定になっているので、その前段階《まえだんかい》として、いろいろな所で、さまざまな事件や騒ぎなどを起こしており、一種の予告、警告をしている。

彼ら宇宙人の知性から見たら、それが、幼稚《ようち》なことであるのは十分に知ってはいるが、地球人にとって話題になるようなことをやっているのである。

彼らから見ても、「町から多数の人をアブダクションする」ということが、幼稚な手法であることぐらい分かってはいる。

しかし、行政機関や軍などがそう簡単には動きにくいような、田舎《いなか》の町あたりから、そうした噂《うわさ》を広めさせ、周りから少しずつ情報を流していき、次第に、本当の姿を現してもよいところまで、もっていこうとしているのである。

宇宙人は、もうすでに地球に入り込《こ》んではいるのだけれども、それを一般《いっぱん》の人々が知ったときのショックは、かなり大きいので、まず少しずつ情報を流し、その次に、地球人と公然と交際できるレベルまで行きたいと願っている。

はっきり言えば、白昼、堂々とＵＦＯが下り、そこから宇宙人が出てきて、今、日本人が外国人と交易したりするのと同じようなかたちで、宇宙人と付き合えるような時代に、もう少しで入れる。

宇宙時代が始まったので、そういう状態に、もう少しで入れる。原理的には、もう少しなので、一世代以内には、宇宙人とそういう付き合いができる時代に入る。

今、地球人は、宇宙の技術を教われば、それを理解できるところまで来たので、「もう少しで、宇宙人との付き合いができるところまで来ている」ということかな。

A――「アバター」という映画がつくられ、今、世界中で大ヒットしていますが、これも、やはり、そのなかの動きと考えてよいでしょうか。

大川隆法　そうです。そうです。あのスタイルも数多く行われています。

実際に地球人として生活している者も、過去から連綿といるけれども、「それには少し時間がかかる」という場合には、あの映画のように、「睡眠《すいみん》状態、仮眠状態で、その霊体《れいたい》だけを、この地球に適合した肉体に宿らせて〝ウォーク・イン〟させ、生活させる」という経験を、まずさせています。

やはり、地球の環境《かんきょう》条件は他の星と同じではないので、他の星から持ってきた肉体を使って、そのまま地球で活動することは難しく、実際には、少し品種改良が必要なのです。

だから、アブダクションのなかには、その品種改良の知識を得るためにやっている実験も数多くあります。

また、実は、「宇宙人と地球人の合いの子」のようなものも、やはりつくっていて、「それが地球の生活に耐《た》えられるかどうか」の実験もやっているわけです。

子供が生まれない女性も多いと思いますが、実は、生まれている場合もあるのです。その人のおなかから生まれていないだけで、「その人の卵子が採られ、宇宙人の精子に当たるものと試験管のなかで結合され、ある程度、スペースシップのなかで培養《ばいよう》されて、それが地球に生まれる」というスタイルがあります。

こういうことも行われています。そのときには、「適当な〝おなか〟を探して、その人をアブダクションし、そこに植えつけて戻《もど》す」ということがあるのです。

アブダクションをして、卵子や精子を採り、自分たちでそれの遺伝子調査をして、ある程度、培養し、胚《はい》ができた段階で、同じ親に戻す場合もありますが、他の人のところ、つまり、結婚《けっこん》していて子供が欲しい人や、すでに産んでいる人のところに差し込んで産ませる場合もあります。

子供を持っていない方でも、実は、子供のいる場合が、現実にはあるのです。

そういう実験が、今、だいぶなされています。

日本は少子化で苦しんでいますけれども、世界的には人口が増えています。

A――　はい。分かりました。本日は、秘密の部分まで明かしていただき、本当にありがとうございました。

大川隆法　あなたは非常に優秀《ゆうしゅう》な魂《たましい》です。宇宙からも注目されています。

A――　ありがとうございます。はい。頑張《がんば》ってまいります。

〔注1〕魂には「想念帯」という領域があり、今世《こんぜ》のみならず過去世《かこぜ》を含めて、その人が思ったこと、行ったことのすべてが克明《こくめい》に記録されている。六大神通《じんつう》力《りき》の一つである「宿命《しゅくみょう》」の能力を持つ者は、他の人の想念帯を読み取ることができる(『黄金の法』第1章、『太陽の法』第4章〔共に大川隆法著、幸福の科学出版刊〕参照)。

〔注2〕アトランティスは、大西洋上にあった実在の大陸で、高度な科学文明が栄えたが、今から約一万年前に海中に没《ぼっ》した(『太陽の法』第5章参照)。

第2章

軍神的役割の火星人（ニワトリ型）

［二〇一〇年三月十六日収録］

【本章に登場する宇宙人】

火星人（ニワトリ型）

火星に住んでいた宇宙人で、羽やくちばしがあり、ニワトリに似た姿をしている。知能は高く、競争心が強い。霊界《れいかい》の天狗《てんぐ》の原型の一つ。

［対象者はBと表記］

魂《たましい》のルーツはニワトリに似た姿の火星人

Ｂ――　ありがとうございます。メディア文化事業局の○○と申します。よろしくお願いいいたします。

大川隆法　訊《き》きたいことがあれば、どうぞ。

Ｂ――　今のＡさんもそうですが、私が親しくしている人には、非常に変わったタイプというか、少し怪《あや》しいというか、地球人らしくないタイプの人間が多いので、そのあたりのところを、お伺《うかが》いしたいと思います。

大川隆法　はい、分かりました。

（Bに右手をかざし、前後に振《ふ》る。約五秒間の沈黙《ちんもく》）

うん。先ほどの人と、あなたと、あと、音楽家も一人いますね。この新潟《にいがた》の三人組は、みな宇宙人です（会場笑）。スペース・ブラザーズですね。みな、宇宙から来た方々です。変わっているはずです。

うーん、でも、これは新種です。あなたは金星人ではありません。火星人です。火星にも生命はいたし、今もいます。今は地下にいます。火星人ですね。魂《たましい》のルーツは火星人です。

火星人のときの姿を描写《びょうしゃ》します。

地球にいる生き物で、いちばん似ているものがあるとすると、ニワトリです。

トサカがあって、くちばしがあって、足にケヅメがあって、羽があります。体は今の地球のニワトリよりも、もう少し大きいと思います。うーん、一メートルぐらいの大きさのものですね。

これは火星人の一種類です。鳥によく似ていて、卵を産む種族です。卵で生まれる種族ですね。うーん……、けっこう知能はあるのですけれども、外見上、不自由なところがあるので、ロボットやサイボーグのようなものがいるのが見えます。

工場で、そういうものがつくられています。いろいろな形のものがつくられていますね。

私に見えるのは、地下を掘《ほ》り進んでいくような、そう、なんと表現したらいいのか……、ああ、サソリ型のロボットとか、そういう地下掘り用のロボットが存在するのが見えます。

それから、うーん、やはり、これもロボットに近いと思いますが、ヘビのような動きをするものが存在します。これは、地表を這《は》うときに役に立つロボットですね。こういうものを持っています。

ただ、あなたの種族の大多数は、火星のなかの、かつて川があった部分に近い、地下の大空洞《だいくうどう》のなかに住んでいます。地下都市に住んでいます。

しかし、ニワトリと違《ちが》い、圧倒的《あっとうてき》に知能が高いので、ニワトリではありません。だから、自分たちにできないことは、ロボットやサイボーグのようなものを開発し、それらにやらせております。

「火星人（ニワトリ型）」想像図

地球に来た火星人は「恐竜《きょうりゅう》」「鳥類」「人間」に分かれた

ただ、先祖は地球に来ていて、すでに地球の生き物になったものがおります。一部は恐竜《きょうりゅう》になり、一部は鳥類になり、一部は人間へと進化して、三種類ぐらいに分かれています。これは、かなりの昔です。火星から地球は遠くないので、来れたわけですけれども、退行、退化したものと、進化したものとに分かれています。

現在も火星には生き物が存在します。ただ、地表を動いているものは、おそらく、先ほども言った、サソリ型やヘビ型のロボット、もしくはサイボーグのようなものであり、あなたのようなスタイルのものは、たぶん、地下に、ほとんど住んでいます。

ただ、そうしたニワトリ型の火星人以外の種族もいるのです。火星には、ニワトリ型とは違《ちが》った種類のものがいて、これは、おそらく、かつて地球に来て、恐竜の先祖になったものではないかと思います。

二本足で立つ生き物で、手が二本あるのですが、足のほうが遥《はる》かに大きく、立ち上がると五メートルぐらいある生き物です。これは、たぶん、地球に来てからは、ティラノザウルスと呼ばれた恐竜に変化したのではないかと思われます。

これは肉食のものです。火星にいたときには、もう少し知能が高い生き物だったのですが、地球で動物を食べてばかりいるうちに、知能がだいぶ退化していったようです。

ですから、億年単位の昔から地球に来ており、地球の生き物の始祖の一つとなっているものですけれども、今から六千五百万年ほど前に滅《ほろ》びています。

約六千五百万年前に実行された「恐竜絶滅計画《きょうりゅうぜつめつけいかく》」

それは、「巨大隕石《きょだいいんせき》の衝突《しょうとつ》が原因」と言われてはいるのですが、実際は巨大隕石の衝突ではなく、当時、恐竜《きょうりゅう》などに対する絶滅《ぜつめつ》計画があったものと思われます。

地球上にはびこった恐竜種族には、あなたがただけではなく、ほかの所から来たものもいるのですが、地球が温暖で緑豊かで食糧《しょくりょう》が豊富だったので、恐竜のように体が大きくなった肉食獣《にくしょくじゅう》が増えてきました。

そのため、地球が、このようなかたちでの生命の場になっていくことを望まない者たちが、こうした巨大な肉体を持った種族を滅《ほろ》ぼそうと考えたのです。

今は「隕石が恐竜滅亡の原因だ」と思われているのですけれども、本当は隕石ではないのです。これは、実は、ほかの宇宙から来た者たちが、こうした恐竜たちを滅ぼす目的で地球を攻撃《こうげき》したものなのです。

今、その痕跡《こんせき》がユカタン半島に巨大クレーターとして残っています。これは、本当は隕石がぶつかったのではありません。原爆《げんばく》ではないのですが、それに類似したものが爆発したのです。

その大規模な爆発により、地球上が砂塵《さじん》で覆《おお》われ、太陽の光が射さなくなりました。そして、当時、熱帯雨林型の気候だった地球で寒冷化が始まり、植物が枯《か》れ、巨大生物たちがほとんど滅び、そして、哺《ほ》乳類《にゅうるい》が生き延びたのです。

これを計画した者がいたと思われます。そのときに、ほとんどが滅ぼされており、今、飼われているようなニワトリとか、そのような種類のものが生き延びているのです。

ニワトリ型火星人は、天上界《てんじょうかい》にいる天狗《てんぐ》の原型の一つ

ただ、これを、「ニワトリ」という言葉で表現しましたが、魂的《たましいてき》には、人間に宿ることができるレベルに十分に達しているものであったのです。鳥のようなもののなかに魂を埋《う》めていき、退化していったものもいますが、それに抵抗《ていこう》したものもいるのです。

今あなたがたの世界で天狗《てんぐ》といわれている生き物が天上界《てんじょうかい》にいます。その姿

はというと、くちばしがあって、羽が生えておりますが、実は、これは火星人なのです。この天狗の原型は火星人であり、ああいう姿で、人間として生きていた時代が過去にあるのです。

その仲間は、ここ（幸福の科学）にも何人かはいます。天狗といわれているもののなかには火星人がかなりいて、天狗系をすべてレプタリアンに分類するのは無理があります。そうではないものがおります。

ただ、一般的《いっぱんてき》に、「火星という星は、歴史的には、非常に好戦的で、地球での戦争に大きな影響《えいきょう》を与《あた》えたものだ」と占星学《せんせいがく》のほうでは言われております。「魂的な傾向《けいこう》として、競争心のところには、かなり激しいものがある」ということは事実ですね。

今、天狗という魂系団がおりますが、その原型の一つになったものではあると思います。

天狗には、それ以外のものも入っているとは思いますけれども、人類の肉体として、今、天狗の姿をした者はいません。背中に羽が生え、くちばしがあって、鳥のような手足を持っている人間は、現在は存在しませんが、過去には存在したのです。

それが、どれくらいの過去かというと、そうですね、六千五百万年前の〝ハルマゲドン〟を生き延びた、残りの種族のなかに、人に近いスタイルをしたものがあって、それは、長らく、今でも、天上界に姿として残っているのです。

つまり、それは、「少なくとも、アトランティスの時代ぐらいまでは生き延びていた」ということを意味していると思います。そのくらいまで生き延びなければ、そうした姿そのものが滅《ほろ》びているわけです。

火星をルーツとする魂《たましい》の特徴《とくちょう》は、自慢《じまん》の心や競争心が強いこと

先ほどの方がヴィーナスの星（金星）で、あなたが火星で、あなたにとっては、ちょっと残念かと思いますが、先ほどの方は、あれでも、いちおう、調和や美、愛を求める心があるのです。ただ、外見は醜《みにく》かったけれども（会場笑）。あなたは、外見では「負けている」とは思っていないのだけれども、そのなかに、火星人の魂《たましい》としての慢心《まんしん》の心があって、くちばしでついばむようなところや、ケヅメで人を蹴《け》り飛ばすところが、魂のなかに傾向《けいこう》としてあるはずなのです。これが火星人の傾向です。競争心が非常に激しいのです。

さらに、この傾向の人たちには、うぬぼれが非常にあります。

例えば、現在のニワトリなどは、餌《えさ》をついばむときに、激しい争いをすると同時に、餌をわらの下などに隠《かく》したりします。そして、その餌を、くちばしと足で探し出して食べたりするときに、「自分は非常に賢《かしこ》いのだ」と言っているかのように、鬨《とき》の声をあげて、大いに喜んでいる種族がおります。

これは、火星人の末裔《まつえい》たちの今の姿です。

そういう自慢の心や競争心が非常に強いのは火星の特徴《とくちょう》です。占星学的《せんせいがく》には、「地球で戦争が起きるときには、火星が大きく働いている」と言われています。

金星の魂とは違《ちが》って、火星の魂自体には、そうした競争や争い、また、それに勝つことにおける自慢の心、こうしたものが宿っているので、火星を生命のルーツとしているもののなかに、そういう傾向が存在いたします。

質問があれば、聴《き》きます。

火星系の魂《たましい》が地球で占《し》める割合は五パーセント

Ｂ――　火星から地球に来た魂《たましい》たちは、けっこう、たくさんいるのでしょうか。

大川隆法　そうですね。「天狗系《てんぐけい》の魂のパーセンテージぐらいはいる」と見てよいかと思います。

ただ、天狗は、「レプタリアン」といわれている場合もあるのですが、私は、「火星系はレプタリアンとは違《ちが》う」と思っています。

おそらく、シェアは、うーん……、五パーセントぐらいでしょうか。何らかの関係がある仲間たちは、そのくらいいるのではないかと思います。

ただ、凶暴化《きょうぼうか》したものは他のものを食べましたけれども、凶暴化しないで他のものの餌になってしまったものも、そうとう、いることはいます。

大空を飛べるものはよかったのですが、悲しいことに、羽が発達せずに飛べなくなっていったものたちは、やはり、非常に守勢に回ってしまったので、家《か》畜《ちく》になったものがかなりいると思います。それらは、とても、守り中心の生き方をしてきたわけです。

一部の優秀《ゆうしゅう》なものは人間として転生《てんしょう》してきているので、地球人化がすでに終わっている者は数多くいます。

優《すぐ》れている才能は戦争や競争のところです。ここが魂的には優れているので、他と競争して打ち勝つところに才能があります。

特徴《とくちょう》は、視野が広く、物事を鳥瞰《ちょうかん》できること

B——　私が、火星から地球に来たのは、いつぐらいなのでしょうか。

大川隆法　（約十秒間の沈黙《ちんもく》）三十六万年ぐらい前です。

B——　そのあとは、ずっと地球で転生《てんしょう》してきており、「魂《たましい》の兄弟」は、すべて人間ということで、よろしいでしょうか。

大川隆法　そうですね。ただ、そのままでは生きていけないので、品種改良は

何度もされているはずです。

地球に適合した肉体にするために、品種改良を何度かされているので、その途中《とちゅう》での変化形が幾《いく》つかあります。魂的には、人間でも火星人でもない姿が、なかにはありますね。

うーん、二本足で立って羽が両手に変わってくるところが、いちばん難しかった部分です。昔の人たちも、今やっているような遺伝子操作の実験はかなりやっていて、地球に適合する肉体に変えていく努力を、そうとしているのです。

少しがっかりした波動が伝わってきますね（会場笑）。

B――「そういう魂が、『主エル・カンターレの下《もと》で、何とかエル・カンターレ系の魂になっていきたい』と強く願っている」と私は思うのですが、そのような機会は、今回、与《あた》えられているのでしょうか。

大川隆法　ええ。そうだと思いますよ。

火星系のなかで優《すぐ》れた人は、言ってみれば、戦国武将のような役割に非常に向いているのです。戦国武将的な立場に立つのに非常に向いている魂なのです。新しくできた教団が勢力を伸《の》ばしていく過程では、いろいろなものと競争したり戦ったりしていかなければ生き残れないので、そうした意味での軍神の役割だと思います。

あなたは、平和的に生きているし、武器を持っているわけではありませんが、魂的には、そうした軍神的な役割が、実際、あなたの役割だと思います。

ただ、今は、攻撃《こうげき》の武器が、昔のものではなく、メディア的なものになっているわけです。今、新しい武器で戦っているわけですね。

でも、もともとの〝始祖〟が鳥類なので、やはり、空から見るような目を持っています。「物事を鳥瞰《ちょうかん》できる目がある」ということが特徴《とくちょう》の一つであり、視野がとても広いのです。だから、幅広《はばひろ》い範囲《はんい》を見ることができます。

「普通《ふつう》の人間よりも幅広い視野を持つことができる」というところが、長所としては挙げられるので、そうしたことを、競争の原理のなかで勝ち残っていくための一つの武器として使うとよろしいと思います。

宇宙協定に関することは「宇宙の法」の核心《かくしん》

B――　これまで、たびたび、「宇宙協定」という話が出てきており、「宇宙連合」という言葉を使っていた宇宙人もいましたが（『宇宙人との対話』第３章参照）、これは、どのようなかたちで運用されているのでしょうか。また、地球は、これと、どのように関係しているのでしょうか。この「宇宙協定」というものについて教えていただければと思います。

大川隆法　これは、かなりの秘密の部分に当たるかと思います。実際には、「宇宙の法」の核心《かくしん》に当たる部分になるので、ここを明かすと、宇宙の仕組みが、全部、分かってしまうのです。

今は、その前の段階で、まだ、宇宙人がいるかどうかが分からない人がいます。あの世や霊《れい》の存在を信じていない人がいるのと同じように、宇宙人の存在を信じていない人がいるので、まだ、そこまで入れるかどうかは分かりません。

実は、それを明かすためには、地球に来ている宇宙人の、それぞれの進化速度と文明のレベルを明らかにしなければいけなくなってくるのです。

いろいろな宇宙人が、形の違《ちが》うスペースシップで来てはいるものの、それらは、やはり、共通の飛行原理に対応しているので、実は、そうした技術を供与《きょうよ》している供給源があることは間違いないでしょう。

だから、その技術を供与している供給源のところこそ、その宇宙協定の中心地であると考えてよいと思われます。宇宙における飛行原理をつくっている供給源のところを明らかにすれば、「その宇宙協定の中心が、どこであるか」ということが明らかになります。

しかし、これは、要するに、宇宙人の序列を明らかにすることと実は同じことになるので、言っていいかどうかは分かりません。

まあ、そうですね、うーん、いちばん進化しているのは、おそらく元金星系の宇宙人、金星から出ていっている宇宙人のあたりであろうとは思います。

B――　分かりました。ありがとうございました。今後とも、愛と調和の思いを学び、主のお役に立っていきたいと思っております。

大川隆法　はい。

B——　本日は、本当にありがとうございました。

第3章

月に基地を持つ宇宙人

［二〇一〇年三月十六日収録］

【本章に登場する宇宙人】

ヤギに似た顔の宇宙人

月面に基地を持つＵＦＯの艦長《かんちょう》。マゼラン星雲にある星から来ているらしい。

プレアデス星人

プレアデス星団から来た宇宙人。かつて金星から移住した人々であり、魂《たましい》的には地球人と同じルーツを持つ。『「宇宙の法」入門』『宇宙人との対話』参照。

マントヒヒに似た顔の宇宙人

ヤギに似た顔の宇宙人の母星と近い星から来ているらしい。

［対象者はＣと表記］

ＵＦＯで月の裏側の基地に連れて行かれる

大川隆法　では、午後の部に入ります。できるだけ新しい種類の宇宙人に遭遇《そうぐう》したいので、「それほど珍《めずら》しくはない」と思う場合は、簡単に済ませてしまうかもしれません。

午前中（第1章、第2章）は少し時間をかけすぎたかなと考えています。対象者として控《ひか》えている方が、まだ、だいぶいるようですので、どんどん進めていきましょう。

（対象者Cに向かって）それでは、関心のあることや、訊《き》きたいことがあれば、どうぞ。

C――　本日は、本当にありがとうございます。私は、第一編集局で写真を担当しております。

五年ほど前になりますが、私が沖縄《おきなわ》へ取材に行ったときに撮影《さつえい》した写真のなかに、数枚、ＵＦＯらしきものが写っていたことがありました。

そして、その前夜だったか、その日の夜だったかは、はっきりと覚えていないのですが、ホテルの空調の音が、何だか電磁波のように感じられ、一晩中うなされて眠《ねむ》れなかったことを覚えています。そのときにアブダクションをされたのかどうか、教えていただければと思います。

また、私は、以前から月を見るのがとても好きで、月に対して特別な思い入れを持っているのですが、そういうことも何か関係しているのでしょうか。よろしくお願いいたします。

大川隆法　分かりました。では、調べてみましょう。

（目を瞑《つぶ》り、Ｃに右手をかざす。約三十秒間の沈黙《ちんもく》）

うーん。うーん。ああ、うーん。うん。

お答えします。地球が外から見えるんですよ。宇宙空間から地球が見えるんです。海が多くて、緑のある、青い地球が、宇宙から見えていますね。宇宙から地球が見えていますね。そのシーンが見えてくるのです。

あなたは、宇宙から地球を見たことがあるはずです。うーん、宇宙から見ていますねえ。確かに見ています。

ああ、地球がだんだん遠ざかっていきます。うーん、窓が幾《いく》つかありますね。

窓が幾つかあって……、見えている方向が、今、変わりました。地球を後《あと》にしようとしていますね。これからどこへ行くのかな。

（約十五秒間の沈黙）

なるほど、お月様が好きなだけのことはありますね。地球から見て月の裏側に当たるところに、ＵＦＯの基地があるのです。そこへ、いったん帰ろうとしているところですね。

月の裏側に入ると、地球から見えなくなるんです。裏側に入ろうとしていますね。月の裏側には、かなり大きな基地があります。

これは、アメリカも本当は知っているはずですね。大きな谷が近くにあって、台地があって、それから、なだらかな丘陵《きゅうりょう》があります。その下は、けっこう緑地が広がっていますね。月には何もないと思われていますが、それは嘘《うそ》ですね。

緑地が広がっています。ええ。

そして、うーん……。東京ドームのような半透明《はんとうめい》のドームが、一個、二個、三個、四個……、四個ぐらいあります。まあ、ドームと言っても植物園の温室のようなものですが、外から半透明の膜《まく》のようなもので覆《おお》われていて、半球状になっており、そのなかに植物のようなものがたくさん植えられているのが見えます。ヤシの木に似たものもありますね。

四つ目のドームからは道路が出ていて、その上を月面車のようなものが走っています。そして、それには宇宙服のようなものを着ている人が乗っています。

それで、その走っていた月面車が、今、空中に浮《う》くところが見えています。夜空のような空中に浮いていくのが見えます。おそらく、吸い上げられているのでしょうね。吸い上げられていって、上空にある円盤《えんばん》の中央部分が開《あ》いて、そこに吸い込《こ》まれました。そして、吸い込まれたあと、その入り口は閉じました。

月面基地の円盤《えんばん》のなかで出会った三種類の宇宙人

円盤《えんばん》のなかに入って……、それから宇宙服を脱《ぬ》ぎ、あなたは歓談《かんだん》していますね。あなたは、何か飲み物のようなものを出されて、宇宙人と思われる者たちと歓談しています。

そこにはテーブルがありますね。テーブルも椅子《いす》もあります。その部屋は、うーん、まあ、円形状で、それほど広くはありません。十畳《じゅうじょう》よりやや広いぐらいです。窓はありません。

あなたが会っている人の数は、一、二、三人……、三人と会っていますね。何か飲み物を出されて、けっこう楽しそうに話をしています。

①　ヤギのような顔をした宇宙人

あなたの正面に座っている人は、頭の上が……、これはなんだろう。バーコードのようになっている（笑）。頭の上が何だか盛り上がっていて、土色というか、薄茶色《うすちゃいろ》の、〝髪《かみ》の毛〟なのかどうか、私には分からないのですが、白い線が入ったバーコードのような感じで、それをかき上げたような頭をしていますね。

そして、耳は……、ヤギのようですね。渦《うず》巻《ま》き型のヤギの角のようなものが、耳のところに見えます。

今、頭が見えて、耳が見えて、次に顔を見ると……、感じとしては、ヤギによく似た顔をしていますが、言葉をしゃべっています。手はついているし、ヤギではないけれども、ヤギに似ている。ヤギに似た感じの顔立ちですね。耳のところに、渦巻き型の角のようなものがあるのが特徴的《とくちょうてき》ですね。

それが、あなたの正面に座っている人です。おそらく、偉《えら》い人なのだろうと思います。鼻は、やはりヤギのような鼻をしています。ただ、口は、人間の口に近いです。首もあります。

そして、マントのようなものを着ていますね。マントの後ろ側は紫色《むらさきいろ》をしています。そして、金の縁取《ふちど》りがあって、金色の房《ふさ》が出ています。マントの周りに金色の房が出ていて、これは、かなり地位が高いことを意味していると思われます。

体には、何か薄いコスチュームを着ていますね。でも、宇宙服のようには見えません。うーん……、材質がはっきりとは分からないのですが、ビニールと何かの繊維《せんい》を混ぜ合わせたような感じの材質に見えます。

色は、銀色に近い色合いで、なぜか左胸の上あたりが金色にピカピカと点滅《てんめつ》して、光っていますね。体の前の部分にはしわがあって、腰《こし》のあたりにはベルトがあります。

ベルトは……、そうですね、今、布製のベルトが地球上にはありますが、あのような感じのベルトですね。ベルトの下に、上着の端《はし》が少し出ていて、下はズボンをはいているように思われますね。

ヤギに少し似ていますが、そのように、かなり偉く見える感じで、おそらく、この人が艦長《かんちょう》だと思われます。

② ブロンドの美しい女性

その両側に座っている人がいます。テーブル自体は、それほど大きいものではなく、直径が一・五メートル程度の丸テーブルです。

あなたから向かって右側に座っているのは、女性です。こちらはヤギの顔ではなく、とてもきれいな女性で、頭にカチューシャのようなものを着けているのが特徴ですね。

このカチューシャは、黒に見えますが、実は黒ではなくて濃紺《のうこん》ですね。濃紺のカチューシャをして、髪の毛はブロンド（金髪《きんぱつ》）です。そして、髪の毛は長く、明らかに肩にかかっていますね。目は、青い感じで、着ているものは宇宙服に似ています。北欧系《ほくおうけい》の美女のような感じに見えますね。

地球人かもしれないけれども……、でも、地球人ではないですね。地球人そっくりの美人で、あなたは、「美人だなあ」と思って座っています（会場笑）。

③マントヒヒのような顔をした宇宙人

また、向かって左側に座っている人は、ややマントヒヒに似た顔をしていて、いちおう言葉をしゃべっています。体は、人間のようなかたちですが、顔はマントヒヒによく似ていて、顔の周りに毛が生えていますね。毛は、やはり、栗毛《くりげ》、栗色の毛かな。目は……、これは、何色と言うのだろう。エメラルドグリーンのような色の目をしていますね。

こういう三種類の宇宙人がいます。みな、違《ちが》う種類だ思われます。

月の基地に来ている宇宙人の種類

あなたは、この三人と話をしています。その内容は、月の基地の感想についてです。「どうでしたか」と訊《き》かれて、あなたは、「このようなところに、こんな立派な基地があり、植物の栽培《さいばい》なども行われていることに驚《おどろ》きました。地球から見えないところにあるんですね。これなら、月から地球までは簡単に来れてしまいますね」というような話をしています。

それで、あなたのほうから、「この基地には、何種類ぐらいの宇宙人が来ているのですか」と尋《たず》ねると、「四種類ぐらい来ています」という答えが返ってきていますね。

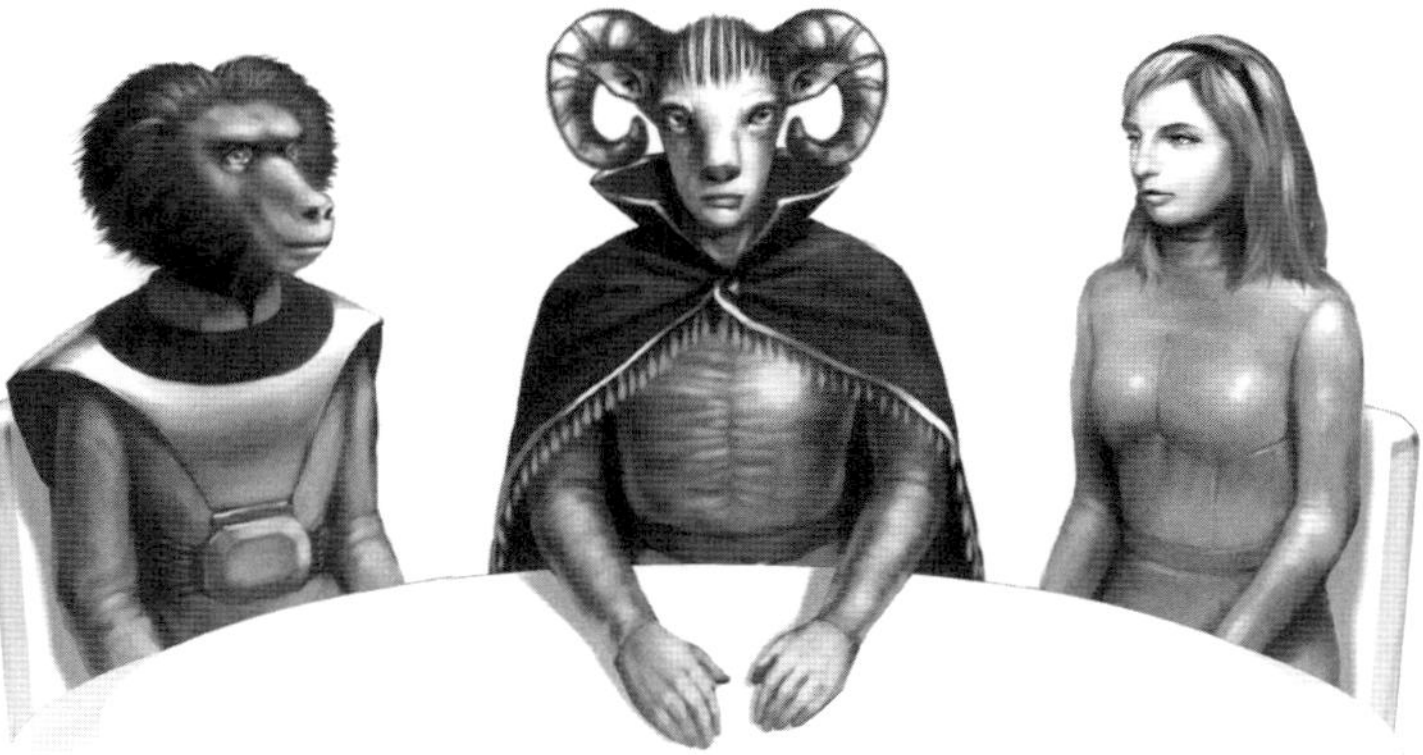

「月に基地を持つ三種の宇宙人」想像図

北欧系《ほくおうけい》の美人は、おそらく、プレアデス系の人だと思います。

それから、正面の、ヤギの顔をして、頭の毛がバーコードのような筋状《すじじょう》になっている人は……、これは、どこの人なんだろう。どこの人だと言っているのかな。

（約十秒間の沈黙《ちんもく》）

うん？　ちょっと聞いたことがない星ですね。場所はどのあたりですか。近くにある星は……、うーん、分からないですね。でも、マゼラン星雲のなかのゼータ星とは違《ちが》う星ですね。ほかの星らしいのですが、これは何という星ですか。

うーん、「知られていない」と言っています。知られていない星なんですね。星の名前は分かりません。

それで、横にいるマントヒヒのような顔をした人は、どこから来たのですか。

あなたは？

（約十五秒間の沈黙）

うーん、この人もその近所の星ですね。その近場から来ているようですが、星の名前はちょっと分かりません。プレアデスのほうだけは、はっきり分かります。

四種類ぐらいの星から来ていて、月の裏側に、ときどきゲストを呼んでいるらしいですね。

そして、それ以外の星から来た人も、たまに補給基地として使っていることがあるようです。

将来、宇宙人を紹介《しょうかい》する仕事が予定されている

あなたは、地球からゲストとして呼ばれて行っていますね。沖縄《おきなわ》でＵＦＯの写真を撮《と》ったあと、拉致《らち》されているのです。

月の裏側まで行く飛行時間は、どのくらいかな……、十五分ぐらいで到達《とうたつ》していますね。

月の基地を見せられ、そして、どのような説明を受けているかというと、「あなたはそのうち、この光景を説明することになるだろう」ということを言われていますね。

あなたはカメラマンであり、目で見たものを記憶《きおく》する能力が高いので、「し

っかり見て、目に焼き付けて、覚えておいてください」と言われていますね。

そういう話をしているうちに、地球が近づいてくるのが見えます。地球が近づいてきて、日本列島がずーっと近づいてきて、そのあと、意識が消えていますね。うーん。

あなたは月の裏側まで行っています。

この人は、なぜ呼ばれたのですか。なぜ呼ばれたの？　なぜ選ばれたの？

（約十秒間の沈黙《ちんもく》）

うーん、「将来、宇宙人を紹介《しょうかい》する何かをつくるためだ」と言っている。「宇宙人を紹介するビデオとかドラマとか、そのようなものをつくる予定があるので、見せておきたかったのだ」と言っていますね。

だから、ドラマの製作のようなことをしなければいけないらしいですね。

「そのために、見せておきたかったのだ」と言っています。
ほかには、何か経験はありませんか。ほかには？
まあ、「魂《たましい》としては、宇宙人というわけではありません」と言っていますね。
「特別に　ご招待しました」と言っています。
ほかに何か質問はありますか。

他人の視線が苦手であることの真相

C――　今の話を聴《き》いて、私自身、とても腑《ふ》に落ちるものがありました。在家の信者であったころ、誓願《せいがん》を立てる機会があり、そのときに、なぜか、「月に行く」という誓願を立てたのです（会場笑）。

大川隆法　ああ、そうなんですか。はあ。

Ｃ――　また、大学に入って部屋を選ぶときに、とにかく満月がよく見える場所を選んで、夜は月ばかり眺《なが》めていたことを、今でもよく覚えています。「今世、生きている間に、月から地球を見たい」という気持ちを非常に強く持っていた理由が、今のお話を聴いて、とても腑に落ちました。

ただ、「宇宙人を紹介《しょうかい》するような仕事をする」というのは、自分としては、まったく想像もしていなかったことでした。

話は多少それるかもしれませんが、私は、カメラマンとして、観察することにはとても慣れており、「大切な瞬間《しゅんかん》を、決して見逃《みのが》さない」という自信を持っています。けれども、逆に、自分が見られる立場というのは非常に苦手なのです。これは単なる「魂《たましい》の傾向性《けいこうせい》」なのでしょうか。それとも、何かほかに理由があるのでしょうか。

大川隆法　あなたが、他の人から見られるのが嫌《いや》な理由は、実は、いつも見られているからです（会場笑）。アブダクション以来、ずっと観察されています。だから、いつも見られているような、視線を感じているはずなのです。誰《だれ》もいないのに、「見られている」という感覚がいつもあるのです。あなたの周りを、いつも見られている感じがしているのです。

家のなかにいても、建物のなかにいても、素通しで見られています。遠くから望遠レンズのような感じで、いつも行動を見られています。あなたは、その視線を感じています。実際に、見られているのです。だから、あなたが、人に見られるのが嫌な理由は、プライバシーがないからなのですね。

でも、それは私も同じです。どうしようもないので、耐《た》えなければいけません。使命のある者は耐えなければいけないのです。地球人の生態と、あなたを月に連れて行ったことに何か効果があるかどうかを、そのあと、ずっと見ているんですね。

うーん、でも、きっと、あなたには、宇宙人を紹介する使命が何かありますね。ということは、「二度目がある」ということだろうと思います。

この次は、もっと明確に覚えているはずです。今、私は宇宙人の姿形を描写《びょうしゃ》しましたが、私の目と口では十分に描写できないものを、カメラマンのあなたであれば、その姿形や様子を、かなり正確に再現できるはずですね。

おそらく、カメラのレンズを通して見るように、シャッターを押《お》して写真を撮《と》るように、いろいろな風景を切り取るように覚えられると思います。この次は、記憶《きおく》を少し残してくれるはずなので、その記憶に基づいて、再現ドラマか、あるいは、何かそれに近いものをつくらされることになるのではないかと思います。

おそらく、「宇宙人紹介シリーズ」の製作か何かが、使命としてあるように思われますね。今、私の語った内容だけでは、まだ十分に描《か》けないでしょうが、あなたが見れば、もっとはっきりとした姿を描写できるはずです。

これは、just beginning《ジャスト ビギニング》（始まったばかり）ですね。まだ、to be continued《トゥー ビー コンティニュード》（続く）で（会場笑）、これから何かが起きるはずです。

主の生涯《しょうがい》を記録する者の一人として選ばれている

Ｃ――　ありがとうございます。もう一つ、お伺《うかが》いしたいことがあります。私には今、ありがたいことに、大川総裁のお写真を撮《と》らせていただく機会が数多くあるのですが、私が常に見られているとすると、その撮影《さつえい》の瞬間《しゅんかん》も、やはり、宇宙に放映されているのでしょうか。

大川隆法　私は、もう四六時中ずっと見られているので、カメラが何台入っているかは分からないような状態です。いろいろな所から見られていて、何が起きるか、どういうふうになるか、あるいは、何か宇宙から介入《かいにゅう》しなければいけないような場面があるか、そういうことを見られている状態です。

宇宙人たちは、今、地球が変わるか変わらないかを、ずっと見ている状況《じょうきょう》なのです。

そして、彼らは、私のほうに介入しなければいけないことが起きないかどうかを見ています。例えば、万一《まんいつ》、私が暗殺されそうな事態が起きた場合には、「それを事前に止めよう」と思って見ているということですね。私の使命がまっとうできるようにしたいという気持ちで見ているようです。

彼らは、時間を止めるような感じで、超高速《ちょうこうそく》で動けるのです。地球の時間で言えば、まるで時間が止まっているかのような状態で行動することが可能なのです。何か、特別に危険な状況が起きたときには、そのようにして、それを防ぐことができるのです。

それで、宇宙からずっと見ているようです。
あなたがカメラマンとして写真を撮《と》っているのであれば、おそらく、先ほどの人（対象者A）と同じように、あなたの目も、〝カメラ〟になっているはずです。あなたの目を通して見た映像が、宇宙に伝送されている可能性は高いと思います。きっとそうだろうと思います。あなたの見ているストーリーが記録されているはずです。

彼らは、目というものに非常に関心があるようで、地球人のなかでも、カメラの代わりになるような目を持っている人を、特に探しているようです。

あなたは、その一人として選ばれています。今後とも、あなたの目は、宇宙のレンズの一つとして使われると思いますね。要するに、私のなした仕事を、地球だけではなく、宇宙の「アカシック・レコード」［注］に記録として残さなければいけないのです。「大川隆法の生涯《しょうがい》」を、そういう宇宙のライブラリーに残さなければいけないので、〝写真〟に撮ったものを、全部、記録として保存しなければならないのですよ。

だから、あなたが撮っている写真は、実は、そのまま宇宙ライブラリーに残っているんです。そういう仕事を、今、やっているのだと思います。そのために、アブダクションがあったのだと推定されます。

あなたにコネと装置を付けなければいけないのですが(会場笑)、おそらく、その両方が入っているはずです。そのため、買収要員として、プレアデス美人が、あなたの横にはべって、一生懸命《いっしょうけんめい》にあなたをほめ上げていたはずです(会場笑)。そうですね。

だから、これは、「アカシック・レコード」に記録として残そうとしているんですね。また、宇宙人を紹介《しょうかい》する仕事においても、姿形や風景など、いろいろなものが明確なかたちで描《えが》けるのではないかと思います。おそらく、そのための要員だと思いますね。そんなところです。

C――　ありがとうございました。

大川隆法　はい。

［注］実在界《じつざいかい》（霊界《れいかい》）には、人類の歴史が記された「アーカーシャーの記録」（アカシック・レコード）と呼ばれるものがある。『黄金の法』第1章参照。

第4章

愛の心が強いクラリオン星人

［二〇一〇年三月十六日収録］

【本章に登場する宇宙人】

クラリオン星人

クラリオン星から来ている宇宙人。金星から分かれてプレアデス星団や琴《こと》座《ざ》のベガへ行った人々の分派の一種。

［対象者はDと表記］

ＵＦＯの地下基地に連れて行かれている

Ｄ――　本日は、貴重な機会をいただき、本当にありがとうございます。

私は、幼少時から、少し不思議な体験を幾《いく》つかしています。

最初は、四歳《さい》ぐらいのときのことです。当時、マンションに住んでいたのですが、夜、母親とは別の部屋で一人で寝《ね》ているときに、ベランダのガラスに映る、コッペパンのような形をした、オレンジ色の大きな顔を見たのを覚えています。

次に、中学生のころですが、友達の家に泊《と》まりに行ったときに、翌朝、その友達のお母さんから、「○○君、昨日の夜、どこに行っていたの？」と言われたのです。どうやら、夜中に起きて外に出かけたようなのですが、自分では何も覚えていませんでした。

あとは、二十五歳ぐらいのときに、千葉県の幕張のあたりを車で走っていたら、東京方面から、つくば市のほうに向かって、ＵＦＯが飛んで行くのを見たこともあります。

そこで、私が宇宙人と何かかかわりがあるのかどうかについて、お教えいただければと思います。

大川隆法　なるほど。うん、うん、分かりました。それでは、調べてみます。

（Ｄに両手をかざす。約二十秒間の沈黙《ちんもく》）

今、私には、山が見えるのですが、うーん……、でも、そこに、トンネルが開《あ》いているんですよ。列車が入れるようなトンネルが見えます。

まあ、私が知っているもので言えば、静岡《しずおか》辺りを新幹線で通っていくときのトンネルによく似たかたちなのですが、緑の山があって、そこに、列車が入っていけるような穴が開いているのが見えます。

そして、今、そのレールのようなものの上を移動しています。レールの上を移動して、移動して、移動して……、明かりが見えてきました。トンネルの外に出ても、まだ、線路のようなものは続いています。そこは、右側が海で、左側は覆《おお》い被《かぶ》さるような崖《がけ》になっていますね。日本海によく似た風景です。

日本海の海岸沿いのような風景に見えますが、そういうところを、今、走っているような感じがします。

そして、そのあとは、うーん……。今は、列車に乗ってレールの上を走っていたような気がしたのですが、次に見えてきたのは、洞窟《どうくつ》のようなものです。洞穴《ほらあな》を通っていきます。速度的には、どのくらいかというと……、時速二、三十キロぐらいの速度だと思いますが、洞窟のなかを通っています。

まったくの暗闇《くらやみ》ではなく、上から薄《うす》ぼんやりとした光が降りてくるのを感じます。洞窟のなかを進んでいくと、左にカーブしていますね。左にカーブしたあとは、地下に向かって、上がったり下がったりしながら、坑道《こうどう》のようなところを下っていきます。

下っていって、下っていって、下っていって……、うーん、そのあとは水平になり、真っ暗のなかを通って行きます。

あなたは、地下の基地か何かに連れて行かれているようです。これはやはり、地下ですね。

場所は、おそらく、日本だと思います。日本なのですが、地下に基地のようなものがありますね。景色を見ると、古い坑道というか、昔、石炭か何かを掘《ほ》って廃坑《はいこう》になったところのような感じがするのですが、その地下のほうにずーっと行くと、何かがあります。

地下のほうに行くと、大きな穴が開いているのが見えてきました。直径が三十メートルぐらいある大きな穴がありますね。

その大きな穴の周りには、転落防止用の柵《さく》があって、いちおうヘルメットのようなものをかぶった人たちが歩いているように見えます。その穴を覗《のぞ》いて、下のほうをずーっと見ていくと、うーん、ハッチのような開閉口がありますね。

地下のＵＦＯ基地で、設計の仕事にかかわっている

そのなかを覗《のぞ》いて見ると、これは、おそらく、ＵＦＯの地下基地ではないでしょうか。どこかにＵＦＯが発進する所がありますね。

ＵＦＯの地下基地があります。これは日本のどこかだと思いますが、地下基地がありますね。そこから出て行って、飛ぶのでしょう。そこにＵＦＯが格納されているのですね。

うーん、そして、何が見えてくるかというと……。

あなたは、設計とか、特殊《とくしゅ》な技能を何か持っているのですか。

D――　申し遅《おく》れましたが、私は、幸福の科学のメディア文化事業局で、映像の編集や、機械全般《ぜんぱん》を扱《あつか》う仕事をしています。

大川隆法　機械には強いのですか。

D――　強いほうだと思います。

大川隆法　機械は強いほうなんですね。うーん、あなたは、そこで何かを手伝っているようなんですよ（会場笑）。その地下基地のようなところで、何かの設計にかかわっているようです。何を設計しているのかな……。

まあ、地下基地のレイアウトとか、模様替《もようが》えとか、そのようなことをやっているような感じがするんですよ。何か才能があるんですね。これは、何の才能でしょうか……。

どうも、基地を拡張しようとしているようですね。もう少し多くのＵＦＯを格納できるようにしようとしているのが分かります。

まだ、人の顔は見えてきませんが、人間のような姿の人もかなり歩いているので、ほかにもさらわれた人がいるのではないでしょうか。人間と思われる人が工事を手伝っているので、ほかにも、さらわれている人が少しいるような気がしますね。

金色に輝《かがや》く上下二段型のUFO

うーん、姿を見せてください。姿を見せてください。この人と関係のある人、姿を見せてください。

ああ、すごく光り輝《かがや》いている。今、円盤《えんばん》のようなものが出てきたけれども、すごく光り輝いているんですよ。

それは、上下二段型になっています。上の部分は、頭頂部に、取っ手というか、つまみの付いたポットの蓋《ふた》のようになっており、その下の部分は、大きなスカートのような形になっています。そして、窓があり、数多くのランプのようなものが、周囲をぐるっと取り巻いている感じです。

そして、なぜかは分からないけれども、上と下とが別々に回転できるんですね。上の二階部分と下の一階部分とが別々に回転できるようなつくりになっています。そういうＵＦＯらしきものが、今、出てきました。それは金色に輝いています。なぜ、金色なのかは分からないのですが、金色に輝いているＵＦＯが出てきました。車輪が出てきました。このＵＦＯには車輪がありますね。

そして、ＵＦＯのなかはどうなっていますか。なかを開けてくれませんか。なかを見せてください。なかを見せてください……。

何だか、五芒星《ごぼうせい》のような星形が床《ゆか》に書いてあります。五芒星のような星の印が床に書いてありますね。

過去世《かこぜ》ではＵＦＯの設計に関係している

うーん。あなたは、過去世《かこぜ》でＵＦＯの設計に関係のある人らしい。ＵＦＯの設計技師らしい。宇宙人だ。

Ｄ――　宇宙人ですか（会場笑）。

大川隆法　うん。宇宙人だ。あなた自身が宇宙人だ。あなた自身が、ＵＦＯの設計に関係しています。

ああ、この形のＵＦＯは、あなたが設計したものだ。金閣寺のように上下二段の二階建てで、二階部分の上にはポットのつまみのようなものがついており、下はスカートのようになっていて、金色に輝《かがや》いています。

そして、二階部分と一階部分の回転数が違《ちが》っていて、下部には車輪が出ています。おそらく、この車輪の部分で、先ほどのレールの上を走って移動していき、それから飛ぶのだと思います。

あなたは、このＵＦＯの設計に関係していますね。この人は、いったい何人《なにじん》ですか。この人は何人ですか……。

クラリオン星人、クラリオン星人、クラリオン星人。外見は人間にそっくりですが、顔が輝いています。非常に光を放っています。うーん、後光と間違うぐらい輝いていますね。

これはクラリオン星人のＵＦＯなんですね。

原爆《げんばく》投下を見て、義憤《ぎふん》に燃えて生まれてきた

そうか、日本に基地があるんだ。この人は、いつごろから地球に来ているんですか。

魂《たましい》的には、そんなには古くない。あなたは、上空から広島《ひろしま》・長崎《ながさき》の原爆《げんばく》を見ていますね。ピカドンを見て、とても義憤《ぎふん》に燃えていますね。「このままでは、人類は滅亡する」と、ものすごく怒《おこ》っています。そして、「地球人に生まれて、この地球の危機を救いたい」という、強い希望を持っていますね。

クラリオン星人は、外見が人間とほとんど同じで、遺伝子的にもよく似ているので、人間の肉体に宿って生まれてくることは、それほど難しくはないとい

うことです。

それで、幼少時からあなたのところに現れていたUFOや宇宙人は、全部、クラリオン星人といわれる人たちが関係していますね。あなた自身が、過去世《かこぜ》で、そのUFOの設計者の一人だったのです。だから、今でも、ときどき、その地下基地に呼ばれていくことがあるわけです。

あなたが生まれてきた理由は、原爆投下を見て、「未来の構図を変えたい」という気持ちを非常に強く持ったからです。そして、「それを実現するのに、よい場所はどこか」と、ずっと探して、幸福の科学に辿《たど》り着いているはずです。

うーん、いや、まっとうな宇宙人ですよ（会場笑）。考え方は非常にまっとうです。おかしくないです。「地球人を危機から救いたい」という、強い強い願いを持っています。だから、クラリオン星人との接触《せっしょく》は、小さいころからかなりあるはずです。彼らは、あなたが無事に成長しているかどうかを、ときどきチェックしていたはずです。

D――　私は、そういう、オレンジ色の炭坑《たんこう》というか、岩に囲まれた工場のような町というか、そういうところを、何度も夢で見ています。

大川隆法　ああ、そこで作業しているんですよ（会場笑）。夜中に働いているんで、日中に寝《ね》ていないかな？　大丈夫《だいじょうぶ》かな？　夜中に働いている可能性はありますね。おそらく、そうだと思いますね。何か地下のような場所なんですよ。

でも、何だかすごく優秀《ゆうしゅう》なようなので、当会では十分に使えていないのではありませんか。大丈夫かな？　上司はしっかりしているのでしょうか。そんな優秀な方は、もったいないので、当会でＵＦＯをつくってもらったほうが、ありがたいかもしれませんね（会場笑）。無意識で設計図を書けるのではありませんか。すごく優秀なようですよ。

ほかに何か訊《き》きたいことはありますか。

クラリオン星人の特徴《とくちょう》は、体から光が出ること

Ｄ――　はい。あのー、私が宇宙人だということになると、今後……（会場笑）。

大川隆法　いや、今は地球人です。ただ、地球人として生まれたのは初めてだ

ということです。

D――　私のようなワンダラー（宇宙人の魂《たましい》が地球人として生まれる場合）や、ウォーク・インを介《かい》さずに、直接、宇宙人との交流が行われるようになるためには、「姿形《すがたかたち》の壁《かべ》」を乗り越《こ》える必要があると思います。

今後、地球人が、宇宙人との心の交流をもっと図《はか》っていき、宇宙人が、地球人から差別されないような世界をつくっていくためには、どのようにしていけばよいのでしょうか。

大川隆法　クラリオン星人の場合は、姿形は地球人とほとんど同じなのですが、宇宙人であることがバレる瞬間《しゅんかん》は、「光る」ときです。たまに、体から発光することがあるのです。顔や手など、そういう露出《ろしゅつ》している部分から、ホタルではないけれども、ときどき光が出ることがあるのです。

これがクラリオン星人の特徴《とくちょう》です。そのときだけ、宇宙人であることがバレるので、夜間は気をつけなければいけません（会場笑）。日中にバレることはほとんどないのですが、夜間にはときどきバレることがあります。

宗教団体では、光が出ても、「後光が射《さ》している」と（会場笑）、みな、勘《かん》違《ちが》いしてくれます。「後光が射していて、光の天使のようだ」と思われるので、宗教団体は非常に隠《かく》れやすいところなのです。光がパーッと出ても、みな感動するだけなので、別に構わないわけです。その意味で、ここは隠れやすくて、非常にありがたい職場なんですね。

クラリオン星人は、光が出てしまうので、写真などを撮《と》ると、ときどきピン

「クラリオン星人と UFO」想像図

トがブレたように写るはずです。

この人の写真を撮ってみたらいいですよ（会場笑）。ときどき、光がブレて写るはずですから。それがクラリオン星人の特徴なのです。

それ以外は、地球人とほとんど区別がつかないんですね。遺伝子的には変わらないので、特に差別されたりすることはないと思います。ただ、そのように、天使に化けるのには非常に便利なんです。

興奮したりすると、発光物質のようなものが出てくるようです。ホタルのように、体のなかで化学反応を起こして、青く光ったり、黄色に近い光が出たりします。そういう発光物質ができるのが特徴であり、ここだけが、多少、地球人と違うところなんですね。

だから、金色の袈裟衣《けさごろも》などを着けると、もう、全然、分からなくなります。

写真を撮っても、全然、分かりません。「袈裟衣の金色が反射して写っているのだ」と勘違いしてしまいます。いちばん化けやすいのは、大僧正《だいそうじょう》のような格好をすることです。そうすると、もう、全然、分からなくなりますね。

人間に生まれた後も〝先生〟として招かれている

まあ、あなたは、いちおう人類救済の使命を持って幸福の科学に来ているようですし、隠《かく》された才能が、まだかなりあるような感じです。「幸福の科学にも、ＵＦＯぐらいはあってもよいかな」と、私は思っているのですけれどもね。枕元《まくらもと》にメモを置いておき、夜中に夢で見たことを書き留《と》めたりできないでしようかね。

D――　トライしてみます（会場笑）。

大川隆法　わりに最近、地球に来た人だから、まだ記憶《きおく》はかなりあるのではないかと思います。実際、ときどき向こうに手伝いに行っているのではないかと思いますよ。頼《たよ》りにされているところを見ると、それほど下《した》っ端《ぱ》ではないと思います。オリジナルの設計責任者にかなり近い人なのではないかと思います。

そうでなければ、人間に生まれてまで、呼び出しがかかるはずはありません。おそらく、UFOの設計に何か関係しているか、あるいは、今の地球環境《ちきゅうかんきょう》を人間として経験し、それを何かに生かそうとしているか、どちらかでしょう。彼らが地球に住めるようにするための装置の開発や、基地のつくり方にかかわっているのかもしれません。

ただ、日本のどこかに地下基地があるのは間違《まちが》いないですね。アブダクションされて、ときどきそこに行っているはずです。

D――　アブダクションされていることに対して、自分自身は、恐怖心《きょうふしん》など、全然ないのですが。

大川隆法　それは、そうですよ。偉《えら》いんだもの（会場笑）。ちょうど大学の先生に講義しに来ていただいているような感じに少し近いのです。あなたは、客員教授のような立場で、設計など、いろいろなものに対して注文をつけているほうなので、恐怖心があるはずはないですね。いい気分を味わっているはずです。

「地球では、こういう部分の具合が悪いので、もう少し改善の余地がある」などと言って、ときどき、点検をしては指摘《してき》し、改善を要請《ようせい》している立場にありますね。

そして、昼間は幸福の科学に潜《もぐ》り込《こ》んで、〝雑用〟をしているわけです。これは隠された姿ですね。本当は、もう少し偉い方のようですので、この方の上司は、あまりなめてはいけないですよ。

将来は、幸福の科学大学の理工学部あたりで、ＵＦＯをつくり始めたりする可能性があるかもしれませんね。

愛の心が強く、キリスト教と親和性が高い

D――　もう一点、お伺《うかが》いしたいのですが、クラリオン星人は、主エル・カンターレが降臨されている日本をどのように……。

大川隆法　見ているかと。

D――　はい。

大川隆法　地球に来ている宇宙人のなかで、クラリオン星人のシェアは、それ

ほど大きくはなく、一パーセントぐらいしかありません。人数的には一パーセントぐらいです。

ただ、地球とのコンタクトが始まってからの年数は、比較的《ひかくてき》新しいのですが、もともとは、金星から分かれて、プレアデスやベガあたりに行った人たちの分派の一種です。

ルーツはおそらく同じであり、行き先の星によって、多少、変化が出ているだけです。元の文化は同じなので、愛の心が非常に強いのが特徴《とくちょう》です。

プレアデスの人たちも、愛と美と調和ということを言っていて、それは、金星にもともとあった考えに近いのですが、クラリオンの人たちは、愛の心が非常に強く、強い愛の衝動《しょうどう》を持っています。そのため、それが怒《いか》りに転じたときには、「こんなことは許せない」という義憤《ぎふん》となり、非常に強い行動力に転じることもあります。

「宇宙全体を、もっともっと素晴《すば》らしいものにしたい」という情熱を持っているので、悪さをする宇宙人に対しては、快く思っていないようですね。

ですから、アブダクションについても、あなたのように仕事のために連れて行かれる場合は、悪さではないのですが、いろいろな人体実験を数多く行うためにアブダクションをする者たちに対しては、非常に不快感を持っているようです。それで、「いざとなったら、そういうことをやめさせるために戦いたい」という気持ちを持っているようですね。

彼らは、基本的には、地球が、もう一段、宇宙文明の時代へ進化していくことを期待し歓迎《かんげい》しています。幸福の科学では、愛の思想が非常に強いので、この教えに大賛成なんですね。

霊的《れいてき》には、イエス・キリスト系の思想と非常に共鳴しやすい性質を持っています。

クラリオン星の教え主《ぬし》が、キリスト教の「愛と犠牲《ぎせい》」に近い教えをよく説いているため、キリスト教系との親和性が高い感じがします。

あとは、おそらく、医療系《いりょうけい》との親和性が高いと思われます。要するに、人助けをしたくてしかたがない人たちなのです。

したがって、この星の人々の進化度は、けっこう高いと思います。ただ、全体的に、かなり高い進化度を持っているけれども、自分たちだけでは、もうそれ以上の進化をあまり見込《みこ》めない状態なので、他の星で困っている人たちを助けたり、彼らの進化に助力したりすることによって、そうした相対的な関係のなかで、「自分たちを、もう一段、磨《みが》きたい」という気持ちを持っているのです。

まあ、そんなに悪くないですよ。この星も二枚目と美人が多いところなのです。わりによい宇宙人で、そんなに悪さはしません。はい。

D――　本日は、貴重なリーディングをいただき、ありがとうございました。

第5章

徳を重視する「さそり座」の宇宙人

［二〇一〇年三月十六日収録］

【本章に登場する宇宙人】

さそり座から来た宇宙人

ピラミッド型の宇宙船で地球に飛来した。身長が二メートル五十センチぐらいあり、手足の指が六本ある以外は、地球人と変わらない。

［対象者はEと表記］

「文明の守護神」として七千年前のエジプトに来た

大川隆法　もう少し、「違《ちが》う種類の宇宙人だ」という自覚のある人はいませんか。まず、認定から入らなければいけませんが。

（Ｅが手を挙げる）

えっ、あなたも宇宙人なの？（会場笑）それは困りますね。人事局に宇宙人がいたら、やはり困るなあ。まあ、宇宙人かどうか、ちょっと点検しますね。

（目を瞑《つぶ》り、Ｅに右手をかざす。約十五秒間の沈黙《ちんもく》）

うーん。そのようですね（会場笑）。そうですか。宇宙人ですか。失礼しました。それで、正体は何ですか。どこから来たのですか。ん？

「さそり座から来た」と言っていますね。さそり座がどのへんにあるのか、私はよく知りません。「さそり座の女」というのは聞いたことがありますが（会場笑）、「さそり座の男」ですか。

さそり座から何をしに来たのですか……。何をしに来た？

「古代エジプトの時代に来ました」と言っていますね。「過去に、地球人をやっていないわけではありません。ここ数千年は、地球人です」と言っています。古代エジプトの時代で、ピラミッドやスフィンクスが見えます。

そして、エジプトへ来て、「宇宙の知識を生かして、神官をやりました」と言っていますね。「星占《ほしうらな》いが専門で、天文を見て占う仕事をしていました。実は、いろいろと宇宙の知識を持っていたので、それを使って神官をしていたのです」と言っていますね。

時期は、オシリス、ホルス〔注1〕のころです。その時代だと、やはり、七千年ぐらい前になります。そのころに来ていますね。

さそり座から何をしに来たのですか。

（かざした右手を小刻みに左右に振る）

うん、うーん……。「地球人を進化させるために来た」と言っています。当時のエジプトの人たちは、天文にとても関心を持っていたので、そのあたりを選んでやって来たということです。

そして、地球の印象としては、うーん……、「われわれは、地球に来る前に、アトランティスやムーなどの過去の文明が滅《ほろ》んでいったことを、宇宙の記録によって勉強していたので、今回、この文明が滅びないように、文明の守護神になろうと志して来たものです」と言っています。

さそり座の宇宙人の特徴《とくちょう》

さそり座の人は、どのような特徴《とくちょう》を持っているのですか。

（約十秒間の沈黙《ちんもく》）

うーん。うん。「エジプトの人たちに、天文学と、建築学、治水の技術、農耕の技術等、たくさんのことを教えて、エジプト数千年の発展にそうとう協力いたしました。そのため、エジプトの人たちは、『宇宙から来た人たちは、みな、神様だ』と思っていました」と言っていますね。

それで、さそり座から地球に来たときの姿はどうだったのですか。どんな姿をしていたのですか。

さそり座から地球に来たときの姿は、うーん……。

（約十秒間の沈黙）

うん、けっこう背が高いですね。背が高くて、二メートル五十センチぐらいはあります。しかし、手の指が六本あり、足の指も六本ありますね。地球人よりも指が一本多いですね。あとは人間と変わらないですね。二メートル五十センチぐらいの身長があって、手の指が六本、足の指が六本あります。

「しかし、遺伝子的には、地球人と交配して子供をつくることができる体質を持っていました」「気候的には、珍《めずら》しく地球に近い気候の星であったので、最初は、多少、調整に手間取ったけれども、肉体を持った状態で来て、そのまま住むことができました」「地球人との違《ちが》いは、多少、身長が高いことと、手足の指が六本あることぐらいで、それほど目立つほどの違いはなく、地球の女性と結婚《けっこん》して子孫をつくりました」と言っていますね。

地球にはピラミッド型の乗り物で来た

それで、どんな円盤《えんばん》で来たのですか。

乗って来た円盤は、まさしく、ピラミッド型の円盤……、いや、円盤ではなくて、ピラミッドの形をしたような、正四角錐《せいしかくすい》のような形の乗り物でやって来ていますね。

なるほどね。これで来たら、エジプトの人たちは、神様だと思いますよね。

なるほどね。

そういう正四角錐のような乗り物でやって来たわけですね。この形だと円盤

「さそり座から来た宇宙人」想像図

とは言えないので、何と呼ぶのかは分かりませんが、そういう乗り物でやって来ています。身長は二メートル五十センチぐらいで、手足の指が六本ずつある以外は、人間と大きく変わりません。

「尊い王様」による統治が素晴《すば》らしいと考えている

性格は、比較的《ひかくてき》温和ですが、非常に階層性の強いものの考え方をしていて、「王様のような人がいる世界が素晴《すば》らしい」と考えているようです。

したがって、政治的には、今の民主主義のような、投票で〝王様〟を選ぶような制度は、あまり好きではなく、「王様というのは、もともと光り輝《かがや》いているような、神様の代理人でなければならない」と思っていますね。

「ほかの星にも、王様というものはいて、そういう王様が統治するか、あるいは、王様に宗教的才能があまりない場合には、王様と神官が仕事を分けている場合もあります。

そのように、生まれつきの魂《たましい》の資質によって、統治者となるような所がけっこう多いのですが、当時のエジプトには、そういうところがあったので、気に入りました」と言っています。

それで、「今の日本のような国は、アメリカのまねをしているけれども、非常に下品な文化をまねたような感じがしています。そういう投票型民主主義のなかには何の理想も感じません。やはり、生まれ持っての尊さのようなものを、もう一段、きちんと出してこないと、神様への信仰心《しんこうしん》につながらないのではないかと思います」と、そのように言っていますね。

何か質問はありますか。

「徳の高い人」を選ぶような人事をしたい

E――　はい。古代エジプトの時代に来たということですが、そのときには、だいたい何人ぐらいが移住してきたのでしょうか。

大川隆法　そのピラミッド型の宇宙船は、ピラミッドの底の部分から、ロケットのようにボーッと火を噴《ふ》いています。これに乗って飛んで来ているのですが、一機、二機、三機、四機……、数は少ないですね。

この少なさは、ウンモ星人［注2］と競争するぐらいの少なさですが、「六十人ぐらいだったと思う」と言っていますね。

では、なぜ、そんなに少ない人数で地球に来たのですか。何かほかに目的があったのでしょうか。その星から出てこなければならない理由が何かあったのでしょうか……。

「左遷《させん》された」と言っています（会場笑）。ああ、そうですか。分かりました。「左遷され、追放された」ということです。

そうなんですか。考え方が合わなかったので、出てきたわけですね。

あなたは、今、人事局で仕事をしていますが、それは、さそり座の宇宙人の性質と何か関係があるのですか。

「『尊さ』ということが、その星の教えの中心なのです。尊さというものが宇宙から滅《ほろ》び去っていくことは耐《た》えられません。その尊さを護《まも》るものは宗教しかないのです」ということを言っていますね。

したがって、あまりにアメリカナイズしていくことには反対していますね。「それでは尊さから遠ざかってしまうので、もっと、尊さというものを大事にしなければいけません」と言っていますね。そういう意味で、「徳の高い人を選んでいくような人事をしなければいけない」と感じているわけですね。

現在の上司とは、宇宙的には、何か関係があるのですか。

（約十秒間の沈黙《ちんもく》）

「上司は恐竜《きょうりゅう》みたいな人です」というように言っています（会場笑）。先が危なくなるから、これ以上はやめておきましょう（会場笑）。

あとは、よろしいですか。

あなたも宇宙人でした。はい。おめでとう（会場笑）。

［注１］オシリス（オフェアリス）は、紀元前四千数百年ごろ、ギリシャの地に生まれた光の大指導霊《だいしどうれい》。当時、ギリシャの支配圏《しはいけん》に入っていたエジプトへ来て王になった。エル・カンターレの分身の一人（九次元存在）。ホルスは、オシリスの子であり、エジプトのファラオは、ホルスが起源とされる。『愛から祈りへ』（大川隆法著、幸福の科学出版刊）第４章、『君よ、涙の谷を渡れ。』（大川隆法著、宗教法人幸福の科学刊）第３章参照。

［注２］ウンモ星人は、地球から約十四・五光年の距離《きょり》にあるウンモ星から来ている宇宙人で、ユミットともいわれる。地球には、多いときで百人、少ないときで十人ぐらいが来ている。『「信仰《しんこう》のすすめ」講義』（大川隆法著、宗教法人幸福の科学刊）、『宇宙人との対話』参照。

第6章

超能力《ちょうのうりょく》を持つエササニ星の巫女《みこ》

［二〇一〇年三月十六日収録］

【本章に登場する宇宙人】

エササニ星人

シリウスの近くにあるエササニ星から飛来した宇宙人。地球に来ているエササニ星人には、ほかにも、「バシャール」と名乗ってチャネラーに通信を送っている者がいる。

［対象者はＦと表記］

三つの超能力《ちょうのうりょく》を持った格の高い巫女《みこ》

大川隆法　女性で、一人ぐらい、変わった宇宙人はいませんか。

（Ｆが手を挙げる）

大川隆法　うん？　あなた？　ああ、本当に何か変わっていそうですね（会場笑）。

（Ｆが席に着く）

F――　宇宙人だという自覚はないのですが、幼少時から、宇宙人の存在を否定したことはありません。

大川隆法　うん。

F――　小学生のころに、母と二人で、夜空に強く発光するオレンジ色の雲を見た記憶《きおく》を、最近、かすかに思い出しました。

あとは、足から〝石ころ〟が出てきたことぐらいで……。

大川隆法　足から〝石ころ〟が出てきた？（会場笑）

F――　はい。

大川隆法　ああ、そうですか。うーん。今はどんな仕事をしているのですか。

F――　第一編集局で、月刊誌の編集ラインにおります。

大川隆法　月刊誌というのは、当会の……。

F――　月刊「幸福の科学」の編集ラインです。

大川隆法　そちらのラインにいるんですね。はい、分かりました。ちょっと待ってくださいね。

（目を瞑《つぶ》り、Ｆに右手をかざす。約三十秒間の沈黙《ちんもく》）

エササニ星と言ってますね。エササニ星。最近、チャネラーを通じて、エササニ星から「バシャール」という人がメッセージを送ってきているようですが、本当にあったのか。エササニ星と言っているね。うーん。

ああ、あなたは超能力《ちょうのうりょく》を持っていますよ（会場笑）。これは、けっこう持っていますね。この人には気をつけたほうがいいですよ（会場笑）。うん。

これは、すごいですよ。サイキック系の能力と、まだ、もう一つあるね。何だ？　物質化現象かな。その能力を持っていますね。おお、怖《こわ》いな。これはすごい。

宇宙人の超能力者か。うーん、サイキック系と物質化現象系の能力があって、さらに、「チャネリングも可能性はあります」と言っていますね。超能力者だと言っています。うーん、そうですか。

「バシャールなどと言って、通信を送っている者は、自分よりも格下です」と言っている（会場笑）。ああ、そうですか。そんな偉《えら》い方とは露知《つゆし》らず、失礼しました。まさか、女王様ではないでしょうね。どう？　女王様ということはありますか。

女王ではないようです。「女王ではないけれども、エササニ星では、非常に格の高い巫女《みこ》でした。そして、宇宙人だった時代には、モーセが奇跡《きせき》を起こしたときなどに、ずいぶん助けてあげたのです」と言っていますね。

ああ、そうですか。エササニ星人が助けていたのですか。それは知りませんでした。そうですか。

「私の持っている超能力には、念動、つまり、念力で物を動かすサイキック能力と、空中から物を出してくる物質化現象の能力、そして、今はまだ目覚めてはいないけれども、チャネリングの能力があり、この三つの能力が眠《ねむ》っています。これは、エササニ星の神官であった証明です」と言っていますね。

「サイキック能力としては、私がいるところではポルターガイスト現象のようなことが数多く起きます。だから、私と一緒《いっしょ》に寝泊《ねと》まりする人は気をつけてください。物が動くので、幽霊《ゆうれい》が出たのかと思うかもしれません」と言っていますね。そして、「ＵＦＯは、呼べば来る可能性が高いです」と言っています。

それから、「物質化現象としては、この次は、石ころではなくて、もう少しよいものを出すように努力したい」と言っていますね（会場笑）。うーん。そうですか。

今回、初めて地球人として生まれてきた

何かほかに訴えたいことはありますか。いつごろから地球に来ているのですか。地球に来たのは、いつごろですか。

ああ、そうか。モーセのころは、まだ宇宙人だったのか。ということは、それよりもあとですね。いつごろから来ているのですか。

（約二十秒間の沈黙《ちんもく》）

うーん。うーん……。

（約十秒間の沈黙）

それほど昔ではないですね。

（約十五秒間の沈黙）

いや、人間として生まれたのは今回が初めてですね。過去世《かこぜ》がないね。その前は宇宙人だね。この人は、人間として初めて生まれてきていますね。

円盤《えんばん》では何度も来ているけれども、人間としては初めて生まれましたね。なぜ人間に生まれたのですか。なぜ生まれた？

「地球が、これから宇宙時代に入るので、体験を積みたいと思って、生まれました」と。それと？　うん。「このままでは、幸福の科学がだらしない状態で終わるような気がしたので、自分が行かなければいけないと思って生まれてきました」と言っていますね。

ほかには？　「エササニ星の神官の実力が、どの程度のものであるかを、地球で試してみたかったのです。ほかの星から来ている人もいるし、地球で、どの程度、やれるのかを試してみたいのです」と言っていますね。

それから、「クラリオン星人とは、わりに友好関係にあります。もとは、それほど違《ちが》わないのです。もともとの魂《たましい》の別れ方としては近いのです」と言っていますね。うん。

そして、「幸福の科学で、もっともっと奇跡《きせき》を起こしたい」と言っています。「奇跡を起こして、伝道に弾《はず》みをつけたい」ということですね。

宇宙人です。「ようこそ地球へ」（会場笑）。この人は、地球人は初めてですね。

ほかに何か訊《き》きたいことはありますか。

エササニ星には文系的な魂《たましい》が多い

F――　エササニ星という名前は初めて聞いたのですが、どのようなところにある星なのでしょうか。

大川隆法　私も、エササニ星がどのあたりにあるかは、よく知らないのです。エササニ星というのは、いったい、どのあたりにあるのでしょうか。近くには、どんな星がありますか。

（かざした右手を、円を描《えが》くように動かす）

何か、大きな大きな恒星《こうせい》の近くにある伴星《ばんせい》のようですね。この大きな恒星はいったい何でしょうか……。おそらく、シリウスの近くだと思いますね。シリウスという大きな恒星の近くに、伴星が幾《いく》つかあるのですが、その近くあたりではないかと思いますね。そのあたりの星の一つだと思います。

でも、星としては、そう大きな星ではなく、人口もそれほど多くないと思います。人口はそう多くないのですが、どんな世界ですか。うーん……。

まあ、科学技術は、ほかの星からかなりレンタルしていて、自力ではあまりやっていないようですね。自力開発ではなくて、レンタルの円盤《えんばん》でやって来ていますね。

「どちらかというと、あまり理系的な技術が進んでいる星ではないけれども、近くに進んでいる星があるので、技術的なものは、そこからレンタルして使っています。自分たちの星には、文系的な魂《たましい》のほうが多く、芸術性や文学性、感性などを磨《みが》くほうに関心のある人が、全体的には多いのです」と言っていますね。

「そのため、円盤はレンタルしてやって来ました。今でもレンタルで来ています。リースのようなものです」と（笑）。円盤もリースがあるのですか。うーん、そうですか。

この人は超能力者《ちょうのうりょくしゃ》ですね。気をつけたほうがいいですよ（会場笑）。そうですか。

ほかに何か訊《き》きたいことはありますか。

日本人を信仰心《しんこうしん》に目覚めさせる仕事をしたい

F――　超能力《ちょうのうりょく》があると言われても、まったく自覚がないのですけれども……。

大川隆法　いや、私はビリビリ感じていますよ（会場笑）。うん。

F――　今世において、その力を、どのように生かしていけばよいのでしょうか。

大川隆法　まあ、能力というものは必ず現れてくるものなので、隠《かく》しても隠しても、出てくるものは出てくると思います。

エササニ星の神官というか、地位の高い巫女《みこ》様に、これからどのような力が出てくるのか、人事局が注目して見てくださると思うので（会場笑）、やがて適正配置がなされることと思います。

それぞれの星の人々は、「自分が、別の星では、どのくらいの評価を受け、どのくらい活躍《かつやく》できるのか」ということが分からないので、魂修行《たましいしゅぎょう》というか、武者修行のために、けっこう、ほかの星へ行くこともあるのです。

まあ、今回は、地球人としては初めてであり、不慣れなことも多かろうと思うので、とりあえずは、諸先輩《しょせんぱい》の教えをよく学ぶことが大事でしょうが、やがて、地球人の愚《おろ》かなるところを指摘《してき》し、善導するように努力をしなければいけない使命を持っていますね。

今は、地球人として学ぶべきことがまだあるので、少しおとなしめに入っていき、やがて、ある程度、学び尽《つ》くしたら、今度は、地球人の魂のレベルの低さを、しっかりと「お叱《しか》り」して、もう少し魂を磨《みが》くように指導しなければいけないということですね。

地球人は、そういう超能力をほとんど失ってしまったけれども、それは、よほど心が穢《けが》れている証拠《しょうこ》であるので、もう少し清らかな心を持って生きるように指導しなければならないということです。

それから、「日本人の多くが信仰心《しんこうしん》を失っている現状に対しては、基本的に我慢《がまん》がならないので、もう少し目覚めさせたい」という、強い願いを持っているようです。「日本人を信仰心に目覚めさせるような仕事に、力量を発揮してみたい」という気持ちをお持ちのようですね。うん。

「足から〝石ころ〟を出す」というのは、普通《ふつう》ではないですよ（会場笑）。次は、もっとよいものを出しましょうね。手から仏像を出すとか（会場笑）、何かもう少しよいものを出すと、さらに値打ちが高まるでしょうね。

足から〝石ころ〟を出すだけだと、まだ少し誤解される恐《おそ》れがあり、「裸足《はだし》で歩いていたのではないか」などと言われるかもしれないので、もう少しよいものを出しましょうね。でも、きっと、隠れた才能、珍《めずら》しい才能をお持ちだと思いますね。

しかし、まあ、総合本部は宇宙人の山なのでしょうか（笑）。これは参りましたね。若干、困ったけれども、そうでしたか。支部のほうには地球人が多いのでしょうか。「総合本部には、特殊《とくしゅ》な才能のある人が多いのだ」と理解することにしましょう。まあ、そういうことですね。

F――　ありがとうございました。

大川隆法　はい。

あとがき

各宇宙人の話の不思議さは、何ともいえまい。私自身とても興味深かった。

今、地球人の魂のルーツを探す旅が始まった。そして、この作業は地球の未来文明のあるべき姿をも予告するものとなろう。

まだまだ納得《なっとく》のいくまで「宇宙人リーディング」は続けていくつもりである。

読者の根気強い支援をお願いする次第《しだい》である。

二〇一〇年　七月二十八日

宗教法人幸福の科学総裁《しゅうきょうほうじんこうふくのかがくそうさい》　大川隆法《おおかわりゅうほう》

『宇宙人リーディング』大川隆法著作関連書籍

『太陽の法』（幸福の科学出版刊）
『「宇宙の法」入門』（同右）
『宇宙人との対話』（同右）
『神々が語る　レムリアの真実』（同右）

宇《う》宙《ちゅう》人《じん》リーディング ――よみがえる宇宙人の記憶――

2010年8月23日　初版第1刷

著　者　　大《おお》川《かわ》隆《りゅう》法《ほう》

発行所　　幸福の科学出版株式会社

〒142-0041 東京都品川区戸越1丁目6番7号
TEL(03)6384-3777
http://www.irhpress.co.jp/

印刷・製本　株式会社 サンニチ印刷

落丁・乱丁本はおとりかえいたします

ISBN978-4-86395-064-1 C0014
Photo: ©DreamFinder-Fotolia.com
Illustration: 水谷嘉孝

大川隆法ベストセラーズ・法シリーズ≪基本三法≫

太陽の法

エル・カンターレへの道

創世記や愛の段階、悟りの構造、文明の流転を明快に説き、主エル・カンターレの真実の使命を示した、仏法真理の基本書。

2,000円

黄金の法

エル・カンターレの歴史観

歴史上の偉人たちの活躍を鳥瞰しつつ、隠されていた人類の秘史を公開し、人類の未来をも予言した、空前絶後の人類史。

2,000円

永遠の法

エル・カンターレの世界観

『太陽の法』(法体系)、『黄金の法』(時間論)に続いて、本書は空間論を開示し、次元構造など、霊界の真の姿を明確に説き明かす。

2,000円

※表示価格は本体価格(税別)です。

大川隆法ベストセラーズ・神秘の扉を開く

宇宙人との対話

地球で生きる宇宙人の告白

地球人のなかには、過去、他の星から移住してきた宇宙人がいる！　宇宙人として魂の記憶を甦らせた衝撃の記録。彼らの地球飛来の目的とは？

第１章　プレアデス星人との対話
第２章　ウンモ星人との対話
第３章　レプタリアンとの対話
第４章　ベガ星人との対話
第５章　金星人との対話
第６章　ケンタウルスα星人との対話

1,500 円

「宇宙の法」入門

宇宙人とＵＦＯの真実

あの世で、宇宙にかかわる仕事をされている６人の霊人が語る、驚愕の真実。宇宙人の真実の姿、そして、宇宙から見た「地球の使命」が明かされる。

第１章　「宇宙の法」入門
登場霊人　エンリル／孔子／アテナ／リエント・アール・クラウド
第２章　宇宙人とＵＦＯの真実
登場霊人　ゼカリア・シッチンの守護霊／アダムスキー

1,200 円

大川隆法ベストセラーズ・霊言シリーズ

日本を救う陰陽師パワー

公開霊言 安倍晴明《あべのせいめい》・賀茂光栄《かものみつよし》

平安時代、この国を護った最強の陰陽師、安倍晴明と賀茂光栄が現代に降臨！
あなたに奇蹟の力を呼び起こす。

第1章　宗教パワーが日本を救う　<安倍晴明>
2020年までの日本の未来予測／宇宙のパワーを引いてくる方法／霊的磁場を形成する「結界」の力　ほか

第2章　光の国の実現を目指せ　<賀茂光栄>
菅内閣に取り憑く悪魔の狙いとは
陰陽道から見た、今の日本の「光と闇」　ほか

1,200円

神々が語る レムリアの真実

ゼウス・マヌが明かす
古代文明の秘密

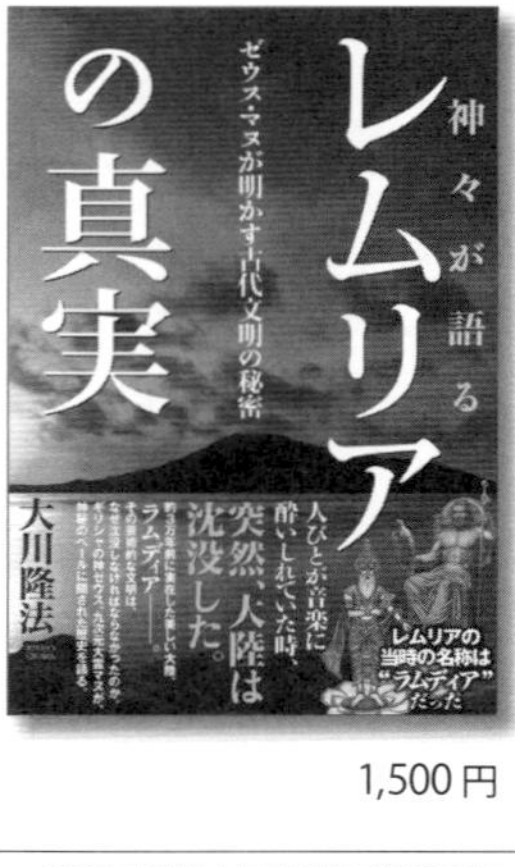

約3万年前に実在した大陸レムリア（ラムディア）の真実の姿とは。九次元霊ゼウス、マヌが神秘に包まれていた歴史を語る。

第1章　感性の文明が栄えたラムディア　<ゼウス>
ゼウスから見た「ラムディア文明滅亡の原因」　ほか

第2章　地球文明と宇宙人の関係　<マヌ>
現在、宇宙人から技術供与を受けている国とは　ほか

第3章　マヌ霊言による「レムリアの真実」
『太陽の法』が書き直されたことの霊的意義　ほか

1,500円

※表示価格は本体価格（税別）です。

未来への国家戦略

この国に自由と繁栄を

国家経営を知らない市民運動家・菅直人氏の限界を鋭く指摘する。民主党政権による国家社会主義化を押しとどめ、自由からの繁栄の道を切り拓く。

第1章　「国難パート2《ツー》」に備えよ
第2章　富国創造に向けて
第3章　景気回復の指針
第4章　国家社会主義への警告
第5章　未来への国家戦略

1,400円

保守の正義とは何か

公開霊言　天御中主神・昭和天皇・東郷平八郎

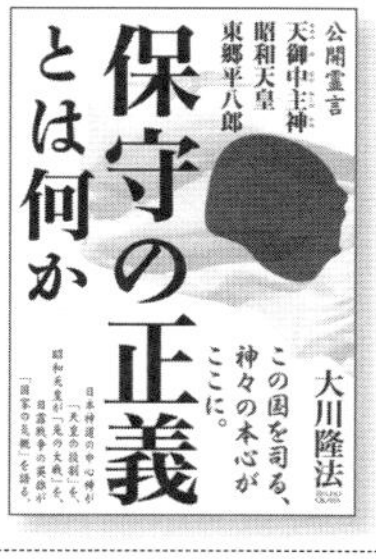

日本神道の中心神が「天皇の役割」を、昭和天皇が「先の大戦」を、日露戦争の英雄が「国家の気概」を語る。

1,200円

最大幸福社会の実現

天照大神の緊急神示

三千年の長きにわたり、日本を護り続けた天照大神が、国家存亡の危機を招く菅政権に退陣を迫る！　日本国民必読の書。

1,000円

あなたに幸福を、地球にユートピアを——
宗教法人「幸福の科学」は、
この世とあの世を貫く幸福を目指しています。

幸福の科学は、仏法真理《ぶっぽうしんり》に基づいて、まず自分自身が幸福になり、その幸福を、家庭に、地域に、国家に、そして世界に広げていくために創られた宗教です。

「愛とは与えるものである」「苦難・困難は魂を磨く砥石《といし》である」といった真理を知るだけでも、悩みや苦しみを解決する糸口がつかめ、幸福への一歩を踏み出すことができるでしょう。

この仏法真理を説かれている方が、大川隆法総裁です。かつてインドに釈尊《しゃくそん》として、ギリシャにヘルメスとして生まれ、人類を導かれてきた存在、主エル・カンターレが、現代の日本に下生《げしょう》され、救世の法を説かれているのです。

主を信じる人は、どなたでも幸福の科学に入会することができます。あなたも幸福の科学に集い、本当の幸福を見つけてみませんか。

幸福の科学の活動

●全国および海外各地の精舎《しょうじゃ》、支部・拠点などで、大川隆法総裁の御法話拝聴会、祈願や研修などを開催しています。

●精舎は、日常の喧騒《けんそう》を離れた「聖なる空間」です。心を深く見つめることで、疲れた心身をリフレッシュすることができます。

●支部・拠点は「心の広場」です。さまざまな世代や職業の方が集まり、心の交流を行いながら、仏法真理を学んでいます。

幸福の科学入会のご案内

◆精舎、支部・拠点・布教所にて、入会式にのぞみます。入会された方には、経典《きょうてん》「入会版『正心法語《しょうしんほうご》』」が授与されます。

◆仏弟子としてさらに信仰を深めたい方は、三帰誓願《さんきせいがん》式を受けることができます。三帰誓願式とは、仏・法・僧の三宝《さんぼう》への帰依《きえ》を誓う儀式です。

◆お申し込み方法等は、最寄りの精舎、支部・拠点・布教所、または左記までお問い合わせください。

幸福の科学サービスセンター
TEL 03-5793-1727
受付時間 火～金：一〇時～二〇時
土・日：一〇時～一八時

大川隆法総裁の法話が掲載された、幸福の科学の小冊子（毎月１回発行）

月刊「幸福の科学」
幸福の科学の
教えと活動がわかる
総合情報誌

「ヘルメス・エンゼルズ」
親子で読んで
いっしょに成長する
心の教育誌

「ザ・伝道」
涙と感動の
幸福体験談

「ヤング・ブッダ」
学生・青年向け
ほんとうの自分
探究マガジン

幸福の科学の精舎、支部・拠点に用意しております。
詳細については下記の電話番号までお問い合わせください。

TEL 03-5793-1727

宗教法人 幸福の科学 ホームページ **http://www.happy-science.jp/**